小規模宅地等の特例

基本と事例でわかる税務

はじめに

小規模宅地等の特例は1975年（昭和50年）に創設されて以来、社会経済情勢に応じて様々な変遷をたどっています。本来、税制改正はその時々の経済情勢や、税制の不都合を解消することで行われます。小規模宅地等の特例は、そのようなこととは一線を画して、適用範囲及び減額割合の拡大一途の改正が行われてきたように感じます。また、不明瞭な取扱いも多くありました。高齢者は独居が叶わず、やむを得ず老人施設に入居することがあります。かつて、取扱いは、税法又は通達ではなく、国税庁タックスアンサーなどで一定の要件を満たした老人ホームであれば適用できる旨公表していました。老人ホームに対する所有権がある場合や終身利用契約の老人ホームでは適用できないなど不安定な取扱いでした。また、建物の一部でも特例適用要件を満たすことができれば、その建物の敷地全体に対して特例が適用できるという取扱いもありました。要するに、適用及びその改正に右往左往している感が非常に強い特例です。

小規模宅地等の特例は、1人でも適用該当者がいると相続税の課税価格が減少し、他の相続人の税額も減少します。平成27年の相続税の改正において基礎控除が4割カットされたことから、相続税の適用件数が飛躍的に増加しています。大半は、課税のボーダーラインにあります。ここで、小規模宅地の特例の適用が存在感を増します。自宅に適用するだけで、相続税が非課税となる可能性が高くなるからです。また、相続財産が高額になる場合でも、自宅の価額が80％も減額できることは、納税額の緩和に大きく寄与します。この特例が適用できるよう居住形態を見直すことも必要です。

本書は、相続税において重要な取扱いであるが、なかなか理解しにくい小規模宅地等の特例を、基本はもちろん、特殊な取扱いまで平易かつ十分に説明しています。税理士及び税理士事務所の職員の方々にとって、必ずやお役に立つことと思います。

なお、本書の文中、意見にわたる部分は筆者の個人的見解に基づくものであることを念のため申し添えます。

2023年秋

税理士　武田秀和

目　　次

第2章　特定事業用宅地等

第3章　特定居住用宅地等

第4章　特定同族会社事業用宅地等

第5章　貸付事業用宅地等

第6章　配偶者居住権と小規模宅地等の特例

第7章　その他の取扱い

第8章　申告及び更正の請求

第9章　参考資料

第1章

小規模宅地等の特例の概要

第１章では、小規模宅地等の特例の基本を概説します。小規模宅地等の特例は、租税特別措置法第 69 条の 4 に規定されていますが、条文としてはわずか１条だけです。この中に特定事業用宅地等、特定居住用宅地等ほか相続税を大幅に緩和するための要件があります。

小規模宅地等の特例は、事業用資産、居住用資産に適用されますが、どの特例においても適用される基本的な取扱い及び用語の定義等ををここで解説します。

Section 1

小規模宅地等の特例とは

1　小規模宅地等の特例とは

「小規模宅地等についての相続税の課税価格の計算の特例」とは、個人が、相続又は遺贈（以下「相続等」といいます。）によって取得した財産のうち、その相続開始の直前に、被相続人又は被相続人と生計を一にしていたその被相続人の親族の事業の用又は居住の用に供されていた土地又は土地の上に存する権利（以下「土地等」といいます。）で、建物又は構築物（以下「建物等」といいます。）の敷地の用に供されているものがある場合、取得した特例対象宅地等で本特例の適用を受けることを選択したものについて、一定の面積までの部分の価額を減額する特例のことをいいます（措法 69 の 4 ①）。遺贈には、贈与をした者の死亡により効力を生ずる贈与を含みます（措法 69 の 2 ①）。

小規模宅地等の特例は、主要な相続財産である宅地等の価額の上昇に従って相続税の負担が重くなることに対する緩和策として設けられているものです。

居住用財産に対する税負担の軽減は、相続人の生活基盤となる住居の確保の面から必須の制度でしょう。事業の用に供されていた宅地等は、相続人又は受遺者（以下「相続人等」といいます。）の事業の承継に欠くことができないこと、事業が雇用の場であり安易な処分に制約があることを考慮した特例となっています。事業承継を円滑に進めるためにも、また社会的見地からの対策として、事業用財産に対する相続税の負担軽減は必要なものです。

2　財産評価と減額措置

相続財産を評価するにあたって、財産評価基本通達（以下「評価通達」といいます。）において、貸付の用に供されている宅地等については「貸家建付地」又は「貸地」として相応の減額がされています。ところが、居住用宅地等及び事業用宅地等については、財産評価において何等の斟酌がありません。本来、生活基盤である宅地についても斟酌がなされるべきなのでしょうが、これらの宅地等については処分の阻害要因がないことで自用地価額として、最も高い評価をすることになっています。小規模宅地等の特例は、課税価額の減額という財産評価とは異なった視点から減額することになったともいえるでしょう。評価通達と異なり、措置法による法定の減額措置であることから、減額割合を変更する場合に税制改正の手順を踏むことになります。しかし、近年は高い頻度で改正が行われています。時代の要請に合わせた改正というより、焦点が定まらない印象が強く残ります。

小規模宅地等の特例による減額を、評価減との表現を見受けることがありますが、これは財産評価による減額ではないことを先に述べたとおりです。あくまでも、財産評価を行った後の宅地等に対する課税価額の減額措置です。

3　小規模宅地等の特例の適用の難しさ

特例の適用判断が難しいのは、相続開始前の宅地等の利用状況から始まり、相続開始直前の状況、宅地を取得した相続人等の有り様等相続開始後の取得者、相続後の要件などが定められており、どれを外しても特例の適用ができない点にあります。

詳細は各テーマ別に取り上げて解説します。

ここでは概要を見ましょう。要件の詳細は、右欄の解説項で確認してください。

要件	概要	章-Section
相続開始前の要件	・相続開始前３年以内に新たに事業の用に供していないこと	2-8 5-2
相続開始直前の要件	・「事業用」「居住用」「貸付用」等で利用していること ・生計一親族の利用でも適用できること	1-6 1-5
取得の要件	・相続又は遺贈によること	1-3
相続人等の要件	・適用できるのは「相続人」及び「親族」に限られること	1-3
相続後の要件	・原則として、申告期限までに遺産分割により取得する者が定まっていること（遺産分割ができない場合の取扱いがある。） ・適用宅地に対する相続人全員の同意が必要であること ・期限内に相続税の申告をすること ・申告期限まで取得した宅地等を保有すること	8-2 8-4 8-1 1-9

4　用語及び略称について

小規模宅地等の特例は用語の種類が多く定義がそれぞれ定められています。類似する用語もあり一字異なっても、適用要件に影響を及ぼします。下記は頻出する用語とその内容を一覧にしたものです。参考に規定されている措置法又は通達も示してあります。なお、解説の都合上、筆者が略称として用いているものもあります。

▍頻出用語・略称一覧表

略称	内容	措置法等
遺贈	贈与をした者の死亡により効力を生ずる贈与（死因贈与）を含む	措法 69 の 2 ①
貸付事業	不動産貸付業、駐車場業、自転車駐車場及び準事業	措法 69 の 4 ③四
貸付事業用宅地等	被相続人等の貸付事業の用に供されていた宅地等で、一定の要件を満たす被相続人の親族が相続等により取得した宅地等	措法 69 の 4 ③四
居住用宅地等	被相続人等の居住の用に供されていた宅地等	措法 69 の 4 ①、措通 69 の 4-7

居住用家屋	居住の用に供されていた家屋	措法 69 の 4 ③ニロ、措通 69 の 4-21
共同相続人等	共同相続人又は包括受遺者	措通 69 の 4-25
限度面積要件	選択特例対象宅地等の区分に応じて適用できる面積	措法 69 の 4 ②
3 年以内貸付宅地等	相続開始前 3 年以内に新たに事業の用に供された宅地等	措法 69 の 4 ③四
3 年以内事業宅地等	相続の開始前 3 年以内に新たに事業の用に供された宅地等	措法 69 の 4 ③一
事業承継要件	相続開始時から申告期限まで、その宅地等の上で営まれていた被相続人の事業を承継すること	措法 69 の 4 ③一イ
事業継続要件	申告期限まで、その事業を営んでいること	措法 69 の 4 ③一イ
事業用宅地等	被相続人等の事業の用に供されていた宅地等	措通 69 の 4-4
準事業	事業と称するに至らない不動産の貸付けその他これに類する行為で相当の対価を得て継続的に行うもの	措令 40 の 2 ①
小規模宅地等	限度面積要件を満たした選択特例対象宅地等	措法 69 の 4 ①
小規模宅地等の特例	小規模宅地等についての相続税の課税価格の計算の特例	措法 69 の 4 ①
申告期限	相続税の申告書の提出期限	措法 69 の 4 ③一
親族	被相続人の親族	民法 725
親族等	親族のほか、親族と事実上婚姻関係と同様の事情にある者、親族の使用人等を加えた者	措法 69 の 4 ③ニロ 相令 40 の 2 ⑮
事業	特定事業用宅地等において営まれている事業のうち、貸付事業を除く事業	措法 69 の 4 ③一
生計一親族	被相続人と生計を一にしていた被相続人の親族	措法 69 の 4 ①
選択特例対象宅地等	特例対象宅地等のうち、特例の適用を受けるものとして選択した宅地	措法 69 の 4 ①
相続税の申告書	当初申告書、期限後申告書及び修正申告書	措法 69 の 4 ⑦
相続等	相続又は遺贈（死因贈与を含む）	措法 69 の 2 ①
その他親族	生計一親族を除く親族	措通 69 の 4-4、-4 の 2

宅地等	土地及び土地の上に存する権利で建物又は構築物の敷地の用に供されているもの	措法 69 の 4 ①
建材等	建物は又は構築物のこと。一定のものが除かれる	措法 69 の 4 ① 措規 23 の 2 ①
特定居住用宅地等	被相続人等の居住の用に供されていた宅地等で、一定の要件を満たす被相続人の親族が相続等により取得した宅地等	措法 69 の 4 ③二
特定事業用宅地等	被相続人等の事業の用に供されていた宅地等で、一定の要件を満たす被相続人の親族が相続等により取得した宅地等	措法 69 の 4 ③一
特定事業用等宅地等	特定事業用宅地等及び特定同族会社事業用宅地等	措法 69 の 4 ②一
特定貸付事業	貸付事業のうち準事業を除く事業	措令 40 の 2 ⑲
特定同族会社事業用宅地等	一定の法人に貸付けられ、その法人の事業（除く貸付事業）用に供されていた宅地等で、一定の要件を満たす被相続人の親族が相続等により取得した宅地等	措法 69 の 4 ③三
特例	「小規模宅地等についての相続税の課税価格の計算の特例」の本書における略称	—
特定事業	相続の開始前３年以内に新たに事業の用に供された宅地等のうち、減価償却資産の割合が 15 %以上である事業	措通 69 の 4-20 の 3
特定宅地等	郵政民営化法施行日前から所有しており、一定の要件を満たす宅地等	郵政民営化法 180 ① 措通 69 の 4-27
特例対象宅地等	小規模宅地等の特例が適用できる宅地等（特定事業用宅地等、特定居住用宅地等、特定同族会社事業用宅地等、貸付事業用宅地等）	措法 69 の 4 ①
同居親族	被相続人の居住の用に供されていた一棟の建物に居住していた親族	措法 69 の 4 ③二ロ
配偶者居住権者	配偶者居住権を有する者	措規通 69 の 4-4 の 2
発行済株式総数等	法人の発行済株式又は出資の総数又は総額	措令 40 の 2 ⑮一
被相続人等	被相続人又は被相続人と生計一親族	措法 69 の 4 ①
保有継続要件	申告期限まで、その宅地等を保有していること	措法 69 の 4 ③一イ

持家なき親族	配偶者、同居親族以外の一定の要件に該当する親族	措法 69 の 4 ③二ロ

法令・通達等の略称

法令・通達	略称
租税特別措置法	措法
租税特別措置法施行令	措令
租税特別措置法施行規則	措規
租税特別措置法通達	措通
所得税基本通達	所基通
（表示例） 租税特別措置法第 69 条の 4 第 3 項第一号イ	措法 69 の 4 ③一イ

Section 2

小規模宅地等の特例の取扱いの変遷

1　近年の改正

近年、様々な相続税対策が考案されています。土地等は高額かつ重要な相続財産ですが、財産評価においてその価額を減じることには限界があります。小規模宅地等に該当すれば評価額の 8 割又は 5 割が減額となります。ここに目を付けて、究極の相続税対策として喧伝されるようになり、無理押しに近い居住状況を作り上げる、敢えて「家なき子」と言われる状況を創出する、事業を仮装する等危うい相続税対策が目に余る状況があり、特例の本来あるべき姿から外れた事例が多くなってきました。また、アドバイス次第で相続税を大幅に緩和できる事例も多くあり、特例を知っているかいないかで税負担が大きく異なる不都合も指摘されていました。

近年は小規模宅地等の特例の必要性は維持するものの、その要件を厳しくすることにより、適用すべきところに適切に適用する方向に改正されています。しかも頻繁に改正されています。税務当局がやっと重い腰を上げ始めたというところでしょう。

2 小規模宅地等の課税価格の特例の変遷

<table>
<tr><th>改正又は
適用年</th><th>改正内容</th></tr>
<tr><td>1975 年
(昭和50年)</td><td>・小規模宅地等の面積が 200 m^2 まで、事業用 20 %、居住用 20 %を減ずる取扱いが創設された。
・個別通達による措置であった（昭和 50 年 6 月 20 日付直資 5-17「事業又は居住の用に供されていた宅地の評価について」）。
・区分は「事業用」及び「居住用」だけであり、貸付事業は対象外であった。

▍限度面積及び減額割合
<table>
<tr><th>特例対象宅地等</th><th>限度面積</th><th>減額割合</th></tr>
<tr><td>事業用宅地等</td><td rowspan="2">200 m^2</td><td rowspan="2">20 %</td></tr>
<tr><td>居住用宅地等</td></tr>
</table>
</td></tr>
<tr><td>1983 年
(昭和58年)</td><td>・租税特別措置法に規定され、昭和 50 年の通達が廃止された。
・小規模宅地等の面積が 200 m^2 まで事業用 40 %、居住用 30 %減額に改正された。
・事業用宅地等は不動産貸付業及び事業と称するに至らない不動産の貸付けその他これに類する行為で相当の対価を得て継続的に行うものの用に供されていた宅地等（以下「準事業」という。）も含まれた。
・事業用及び居住用の併用の場合は 20 %の減額となった。
・生計一親族事業用又は居住用宅地等も対象となった。
・特例対象宅地等を取得した全ての者の同意が必要となった。

▍限度面積及び減額割合
<table>
<tr><th>特例対象宅地等</th><th>限度面積</th><th>減額割合</th></tr>
<tr><td>事業用宅地等</td><td rowspan="4">200 m^2</td><td>40 %</td></tr>
<tr><td>貸付事業用宅地等（含　準事業）</td><td>40 %</td></tr>
<tr><td>居住用宅地等</td><td>30 %</td></tr>
<tr><td>事業用・居住用併用宅地等</td><td>20 %</td></tr>
</table>
</td></tr>
<tr><td>1988 年
(昭和63年)</td><td>・小規模宅地等の面積が 200 m^2 まで事業用 60 %、居住用 50 %減額に改正された。
・事業用及び居住用併用の場合は 40 %の減額となった。
・貸付事業用は事業的規模が要件となり、準事業が除外された。
・国営事業用宅地等（特定郵便局の用）について 60 %の減額が創設された。</td></tr>
</table>

■ 限度面積及び減額割合

特例対象宅地等	限度面積	減額割合
事業用宅地等	200 m²	60 %
貸付事業用宅地等（除 準事業）		60 %
居住用宅地等		50 %
事業用・居住用併用宅地等		40 %

1992 年
（平成 4 年）

・小規模宅地等の面積が 200 m^2 まで事業用 70 %、居住用 60 %減額に改正され、大幅な緩和となった。

■ 限度面積及び減額割合

特例対象宅地等	限度面積	減額割合
事業用宅地等	200 m²	70 %
貸付事業用宅地等（除 準事業）		70 %
居住用宅地等		60 %
事業用・居住用併用宅地等		50 %

1994 年
（平成 6 年）

・「特定事業用宅地等」「特定居住用宅地等」「特定同族会社事業用宅地等」が創設され、それぞれ 80 %の減額となった。
・事業又は居住を継続しない場合、50 %の減額となった（以下「その他事業用宅地等」又は「その他居住用宅地等」という。)。
・貸付事業に準事業宅地等が追加され、50 %減額に改正された。
・1 棟の建物の一部でも特定事業用・居住用等に該当すれば全体が減額できることとなった。
・取得要件（遺産分割確定）が明確となった。
・現行制度の原型となった改正である。

■ 限度面積及び減額割合

特例対象宅地等		限度面積	減額割合
事業用宅地等	特定事業用宅地等	200 m²	80 %
	特定同族会社事業用宅地等		
	国営事業用宅地等		
	その他事業用宅地等		50 %
	貸付事業用宅地等（含 準事業）		
居住用宅地等	特定居住用宅地等		80 %
	その他居住用宅地等		50 %

1999年 (平成11年)	・特定事業用宅地等、特定同族会社事業用宅地等の限度面積が200 m^2 から330 m^2 に拡大された。 ・特定居住用宅地等を併用適用する場合、限度面積の調整計算をすることとなった。

▍限度面積及び減額割合

特例対象宅地等		限度面積	減額割合
事業用宅地等	特定事業用宅地等	330 m^2	80 %
	特定同族会社事業用宅地等		
	国営事業用宅地等		
	その他事業用宅地等	200 m^2	50 %
	貸付事業用宅地等（含 準事業）		
居住用宅地等	特定居住用宅地等		80 %
	その他居住用宅地等		50 %

2001年 (平成13年)	・特定事業用宅地等及び特定同族会社事業用宅地等の限度面積が330 m^2 から400 m^2、特定居住用宅地等が200 m^2 から240 m^2 に拡大された。

▍限度面積及び減額割合

特例対象宅地等		限度面積	減額割合
事業用宅地等	特定事業用宅地等	400 m^2	80 %
	特定同族会社事業用宅地等		
	国営事業用宅地等		
	その他事業用宅地等	200 m^2	50 %
	貸付事業用宅地等（含 準事業）		
居住用宅地等	特定居住用宅地等	240 m^2	80 %
	その他居住用宅地等	200 m^2	50 %
併用	$A+B\times\frac{5}{3}+C\times2\leqq400\ m^2$ A：特定事業用宅地等の合計面積 B：特定居住用宅地等の合計面積 C：貸付事業用宅地等の合計面積	200 m^2	50 %

2002年 (平成14年)	・相続税の申告書の提出期限までに共同相続人又は包括受遺者によって特例の対象となる宅地等が分割されることが要件となった。
2003年 (平成15年)	・特定同族会社事業用宅地等の特例の株式等の保有割合についての要件が改正された。

2006年 (平成18年)	・特定物納制度の創設に伴い、小規模宅地等の特例の適用を受けた土地等について適用対象外とする規定が整備された。 (2006年(平成18年)4月1日以後の相続等により取得した財産に適用) ・会社法の制定に伴い、清算中の法人は、特定同族会社事業用宅地等の対象となる法人に該当しないこととする等、規定の整備が行われた。 (2006年(平成18年)5月1日以後に相続等により取得した財産に適用)
2007年 (平成19年)	・被相続人から贈与により取得した財産について相続時精算課税の特例の適用を受けている場合には、この特例は適用できないこととされた。 ・郵政民営化法により、特定郵便局の敷地は国営事業用宅地等から外れた。経過措置として、1代に限り適用できることとなった。 (2007年(平成19年)10月1日以後に相続等により取得した財産に適用)
2010年 (平成22年)	・1994年の改正で本来特例適用対象とならない部分も含めて特例対象となっており、課税対象額が大幅に軽減されていた。そのため課税価額全体が低くなり、税額に影響を及ぼしていることが指摘されていた。2010年(平成22年)度の改正により、小規模宅地等として80%の減額ができるのは、親族が取得することが要件で、特例適用対象該当者、特例適用対象部分のみに限定されることとなった。本来あるべき姿に戻った。 ・小規模宅地等の特例の適用を受ける場合、特例対象宅地等は全て相続税の申告期限まで、事業又は居住を継続しなければならないこととなった。 ・一の宅地等について共同相続があった場合、その宅地等を取得した者ごとに、小規模宅地等の特例適用の可否を判定することとなった。相続人等ごとに特例適用条件を判定し、条件を充足した相続人等だけが適用を受けられる。 ・1棟の建物の敷地の用に供されていた宅地等のうちに、特定居住用部分とそれ以外の部分がある場合には、特定居住用部分とそれ以外の部分に案分して減額割合を算定することとなった。 ・居住の用に供されていた宅地等が複数ある場合の特定居住用宅地等の適用については、「主として居住の用に供されていた一の宅地等に限る」ことになった。 ・事業又は居住を継続しない場合の50%減額措置が廃止された。 (2010年(平成22年)4月1日以後に相続等により取得した財産に適用)

限度面積及び減額割合

特例対象宅地等		限度面積	減額割合
事業用宅地等	特定事業用宅地等	400 m^2	80 %
	特定同族会社事業用宅地等		
	国営事業用宅地等		
	貸付事業用宅地等（含 準事業）	200 m^2	50 %
居住用宅地等	特定居住用宅地等	240 m^2	80 %
併用	$A+B\times\frac{5}{3}+C\times2\leqq400\ m^2$ A：特定事業用宅地等の合計面積 B：特定居住用宅地等の合計面積 C：貸付事業用宅地等の合計面積	200 m^2	50 %

2014年（平成26年）

・2世帯住宅について、1棟の建物のうち、構造上独立して区分される部分に居住している場合、被相続人及びその親族が居住している部分に対応する部分について特例の適用対象とすることとなった。

・老人ホームに入居し空家となっている家屋の敷地については、次に該当すれば特例適用が認められることとなった。

①被相続人の介護を要するために入所したものであること

②老人ホームに入所した後、その家屋が貸付け等の用途に供されていないこと

（2014年（平成26年）1月1日以後に相続等により取得した財産に適用：平成25年度税制改正による）

2015年（平成27年）

・特定居住用宅地等に係る特例の適用対象面積が240 m^2から330 m^2に拡大された。

・特定居住用宅地等及び特定事業用宅地等の適用対象がある場合は、居住用330 m^2 事業用400 m^2までそれぞれ適用可能となり、最大730 m^2まで特例適用ができることとなった。

（2015年（平成27年）1月1日以後に相続等により取得した財産に適用：平成25年度税制改正による）

限度面積及び減額割合

特例対象宅地等	限度面積	減額割合
特定事業用宅地等	400 m^2 Ⓐ	80 %
特定同族会社事業用宅地等		
特定居住用宅地等	330 m^2 Ⓑ	80 %
貸付事業用宅地等	200 m^2 Ⓒ	50 %
併用	Ⓐ$\times\frac{200}{400}+$Ⓑ$\times\frac{200}{330}+$Ⓒ$\leqq200\ m^2$	50 %

2018年 （平成30年）	・小規模宅地等の特例の過度な節税対策に対応した改正が行われた。 ・いわゆる「持家のない親族（家なき子）」を創出して小規模宅地等の特例を適用する事例があることから、次の者が除外された。 イ　相続開始前３年以内に日本国内にある取得者、取得者の配偶者、取得者の３親等内の親族又は取得者と特別の関係がある一定の法人が所有する家屋（相続開始の直前において被相続人の居住の用に供されていた家屋を除く。）に居住したことがある者 ロ　相続開始時において、居住の用に供していた家屋を過去に所有していたことがある者 ・貸付事業用宅地等の範囲から、相続開始前３年以内に貸付事業の用に供された宅地等が除外された。なお、相続開始前３年を超えて事業的規模で貸付事業の用に供しているものは除かれる。 ・対象老人ホームが拡充された。介護医療院制度の創設に伴う改正である。介護医療院に入所したことにより居住の用に供さなくなった家屋の敷地について、相続開始の直前に被相続人の居住の用に供していたものとして、特例が適用できることとなった。 （2018年（平成30年）４月１日以後に相続等により取得した財産に適用）
2019年 （平成31年）	・特定事業用宅地等の範囲から、相続開始前３年以内に事業の用に供された宅地等が除外された。ただし、その宅地等の上で事業の用に供されている減価償却資産の価額が、その宅地等の相続時の時価の15％以上の場合は除かれる。また、2019年３月31日以前から事業の用に供していた宅地等については適用できる。 （2019年（平成31年）４月１日以後に相続等により取得した財産に適用）

Section 3

取得及び取得者の要件

1　取得の要件

小規模宅地等の特例を受けられるのは、次の通り「相続又は遺贈」により取得した財産に限られます（措法 69 の 4 ①）。なお、遺贈には「贈与をした者の死亡により効力を生ずる贈与を含む（措法 69 の 2 ①）」と規定されていることから、死因贈与も含まれます。贈与による取得には適用されません。

①　相続
②　遺贈
③　死因贈与

2　特例の適用を受けられる者

(1)　適用対象者

特例が適用できる者は次の通りです。

①　相続人
②　親族
　親族とは 6 親等内の血族、配偶者、3 親等内の姻族をいいます（民法

725）。
③　生計一親族の事業用等で使用していた場合、その生計一親族

(2)　親族の適用

特例の適用を受けることができるものは、相続等により取得した財産のうち一定の要件を満たした宅地等です（措法 69 の 4 ①）。相続人はもちろん、相続人以外の者であっても遺贈で取得した財産であれば適用できる規定となっていますが、現実に減額の対象となるのは次のように親族に限っています。小規模宅地等の特例は、被相続人の事業用資産又は居住用財産に対する税負担の緩和だけではなく、事業又は居住の継続及び保護を目的としているからです。財産の継続的な保護観念が薄い者が取得した場合、特例適用をしたうえで売却することが十分に想定されます。このような本旨から外れた適用は認められることではないことから、歯止めをかけたものといえるでしょう。

特定事業用宅地等	次に掲げる要件のいずれかを満たす被相続人の親族が相続又は遺贈により取得したもの	措法 69 の 4 ③一
特定居住用財産	被相続人の配偶者又は次に掲げる要件のいずれかを満たす被相続人の親族が相続又は遺贈により取得したもの	措法 69 の 4 ③二
特定同族会社事業用宅地等	宅地等を相続又は遺贈により取得した被相続人の親族	措法 69 の 4 ③三
貸付事業用宅地等	次に掲げる要件のいずれかを満たす被相続人の親族が相続又は遺贈により取得したもの	措法 69 の 4 ③四

親族が取得した宅地等に対して特例が適用できることは、相続人が様々な理由により特例を適用できない状況であっても、適用の可能性のある親族が取得して適用することができます。

相続の大原則は家族です。一般的には配偶者及び子が被相続人の財産を承継します。しかし、現実には人は必ずしも定型的な家族生活を営んでいるわけではありません。配偶者や子がおらず、甥や姪が同居して被相続人と生活を共にしていることがあります。また、子が先に死亡し、子の配偶者が被相続人の世

話をしていることもあります。子の配偶者は相続人ではないですが、被相続人の死亡後もその家屋に居住することが想定されます。このような場合、家屋及びその敷地を相続した相続人は居住又は事業を継続しないことが想定され、特例の適用ができません。同居していた子の配偶者がその家屋及び敷地を遺贈されると相続税がダイレクトに課税され、更に相続税額の2割加算となります。小規模宅地等の特例は被相続人の事業や相続人等の居住を安定的に継続することを旨として構築されています。一定の親族が取得した小規模宅地に特例が適用されるのは当然の措置でしょう。

⑶ 相続人、親族以外の受遺者

親族以外の受遺者について、適用はありません。また、相続税法第66条第1項において人格のない社団又は財団は個人とみなして相続税が課税されることとなっています。しかし、小規模宅地等の特例は個人に限られていることから、特例の対象とはなりません。

⑷ 複数の者の適用

小規模宅地等の特例は、特例対象宅地等の区分が同一内であっても、要件を充足すれば複数の者でも適用できます。

［事例で確認］

CASE 居住用宅地を長男と次男が取得した場合の適用

Q 被相続人と同居していた長男Aが被相続人名義の自宅（土地及び建物）を取得し、被相続人と生計を一にする次男Bが居住用として使用している建物及びその敷地を取得したが、それぞれ小規模宅地等の特例が適用できるか。

A A及びBとも特定居住用宅地等の要件を充足していれば、特例の適用ができます。ただし、適用面積は合計330 m^2までであることに留意します。

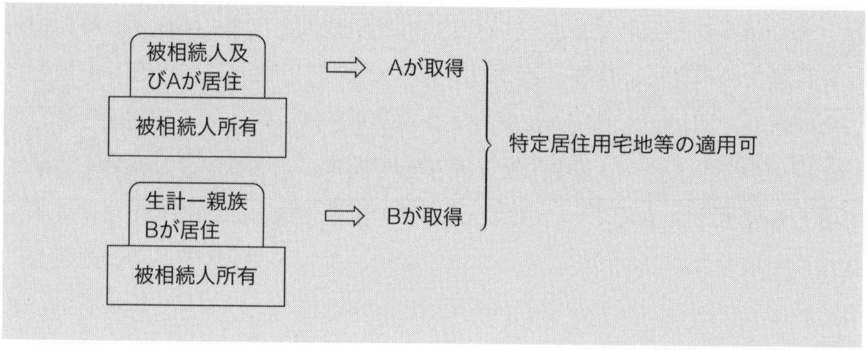
被相続人及びAが居住
被相続人所有
Aが取得
生計一親族Bが居住
被相続人所有
Bが取得
特定居住用宅地等の適用可

Section 4

特例の適用ができない場合

1　相続等又は贈与により取得した宅地等

小規模宅地等の特例は相続等により取得した財産に適用されます（措法69の4①)。生前の贈与財産のうちに小規模宅地等の特例の適用要件を満たす財産があり、相続時精算課税を選択したことから相続税の課税対象となったとしても、相続等により取得した財産ではないことから、特例の対象にはなりません。例えば、相続の心配から生前に居住用財産を子に贈与し、子が相続時精算課税を選択して贈与税の申告する事例があります。贈与した時点では、贈与税の負担はありません。しかし、相続時精算課税を選択して申告したことから、特定贈与者に相続が開始した場合は、相続時精算課税の適用を受けた贈与財産は全て、贈与を受けた時の価額を特定贈与者の相続財産に加算して相続税の計算をします。贈与により取得した財産は、相続財産に加算されて相続税の対象となったとしても「相続又は遺贈により取得した財産」ではないため特例の適用はできません。

生前に居住用宅地を贈与することが適切か否かの判断が必要です。贈与等による取得財産に対する小規模宅地等の特例の適用には、次のパターンがあります。

取得区分	特例適用の可否
①　相続により取得した宅地等	・適用できます（措置法 69 の 4 ①、措通 69 の 4-1）。
②　遺贈により取得した宅地等	
③　死因贈与により取得した宅地等	
④　贈与により取得した宅地等	・贈与税の計算上、小規模宅地等の減額規定がないため適用できません。
⑤　相続開始前 3 年以内の贈与により取得した宅地等	・相続開始前 3 年以内に贈与を受けた財産の価額は相続財産に加算されます（相法 19 ①）。しかし、贈与による取得であることから、相続開始前 3 年以内の贈与による取得であり相続財産に加算されるものであっても、相続又は遺贈により取得したものではないことから、特例の対象になりません（措通 69 の 4-1）。2024 年（令和 6 年）1 月 1 日以後、相続開始前 7 年以内に贈与を受けた財産は相続財産に加算されますが、同様に特例の対象となりません。
⑥　相続時精算課税を選択した贈与により取得した宅地等	・相続時精算課税の適用を受けた財産（相法第 21 条の 9 第 3 項、措法第 70 条の 2 の 6 第 1 項、第 70 条の 2 の 7 第 1 項（第 70 条の 2 の 8 において準用する場合を含みます。）又は第 70 条の 3 第 1 項において準用する場合を含みます。）が相続財産に加算されますが、これらの贈与財産は相続又は遺贈により取得したものではないことから、特例の対象になりません（措通 69 の 4-1）。
⑦　相続開始年に贈与により取得した宅地等	・相続開始年に贈与により取得した財産は、相続財産に加算して相続税の計算をします。贈与税の申告をすることがないため、相続財産の取得のように勘違いします。相続税の課税対象となったとしても、贈与により取得した事実は変わらず、特例の対象になりません。

相続財産に加算される贈与財産に対しては、小規模宅地等の特例が適用できないことは上記の通りです。2022 年（令和 4 年）2 月 21 日付日本税理士会連合会税制審議会の「資産移転時期の選択に中立的な相続税・贈与税の在り方について」において、相続時精算課税適用財産に対して小規模宅地等の特例の適用を認めることが相当である、としています。税制はできるだけシンプルであるべきは言うまでもありません。相続時精算課税財産に限るとしても、例えば数十年前に贈与を受けた財産に対して特例の適用を認めることは、課税関係を複

雑化することに他なりません。相続時精算課税とは、贈与を受けた財産の価額を相続財産に加算する制度ですので、相続時の価額が大幅に騰落していることが想定されます。特例を選択する幅が広がることは、相続人間の調整の困難さも増加するでしょう。

2　その他特例が適用できない宅地等

⑴　納税猶予の特例の適用を受けた宅地等

次の納税猶予の適用を受ける特例事業相続人等に係る被相続人から相続又は遺贈により取得した特定事業用宅地等は、小規模宅地等の特例の適用はできません（措法69の4⑥）。詳細は第7章 Section 1（個人事業用資産の納税猶予と小規模宅地特例）を参照してください。

① 個人の事業用資産についての贈与税の納税猶予及び免除（措法70の6の8）

② 個人の事業用資産についての相続税の納税猶予及び免除（措法70の6の10）

③ 個人の事業用資産の贈与者が死亡した場合の相続税の課税の特例（措法70の6の9）

⑵　人格なき社団等が取得した宅地等

代表者又は管理者の定めのある人格のない社団又は財団（以下「社団等」といいます。）に対し財産の贈与又は遺贈があった場合、社団等を個人とみなして、贈与税又は相続税が課税されます（相法66①）。これらの社団等が取得した宅地等についても特例が適用できるのではないかと考えられますが、措置法第69条の4第1項では明確に「個人が…」と規定していることから、個人とみなされる社団等が取得した宅地等は該当しません。

⑶　法人等が取得した宅地等

特例の適用は、個人に限られます。法人が取得した宅地等は適用できません。

［事例で確認］

CASE 生前に贈与を受けて相続時精算課税を適用した場合の例

Q 父の相続税の心配から生前に居住用財産を長男が贈与を受けました。土地（100 m^2）及び建物の合計額は 2,500 万円です。特別控除があるので相続時精算課税を選択して贈与税の申告をしました。その後父に相続が開始しました。父の総遺産価額は 4,000 万円で、相続人は母及び子 2 人です。贈与された土地建物は居住用財産であることから、小規模宅地等の特例を適用して相続税の計算ができるでしょうか。

A 自宅の贈与について相続時精算課税を選択して申告したことから、その後贈与者に相続が開始した場合は、相続時精算課税の適用を受けた贈与財産は全て相続財産に加算して相続税の計算をします。贈与を受けた財産は受贈者の所有財産ですが、相続税の計算において相続財産に加算します。つまり、贈与財産は相続等により取得した財産ではありません。小規模宅地等の特例の適用はできません。相続時精算課税を適用して居住用宅地を贈与することが適切か否かの判断が必要です。

相続税の計算式は次の通りです。なお基礎控除額は 4,800 万円（3,000 万円＋600 万円×3 人）です。

①　純資産価額

（贈与財産の価額）
4,000 万円＋2,500 万円＝6,500 万円

②　課税遺産総額

（基礎控除額）
6,500 万円－4,800 万円＝1,700 万円

③　相続税額

170万円

上記の事例で、もし贈与をしていなかった場合、小規模宅地等の特例が適用できることから納税額は算出されません。

① 純資産価額

（小規模宅地等の特例の適用）

4,000万円＋(2,500万円－(2,500万円×0.8))＝4,500万円

② 課税遺産総額

（基礎控除額）

4,500万円－4,800万円＝0円

Section 5

生計一親族の適用と生計一の考え方

1　特例の適用における「生計を一にしていた親族」

特例は被相続人又は被相続人と生計を一にしていた親族（以下「生計一親族」といい、被相続人と合わせて「被相続人等」といいます。）の事業の用、居住の用又は貸付事業の用に供していた宅地等に適用されます。生計一親族に該当するかどうかは、特例適用の大きなポイントとなります。なお、生計一親族がそれぞれの用に供していた宅地等は、その生計一親族が取得しないと特例の適用はありません。

次の６パターンです。

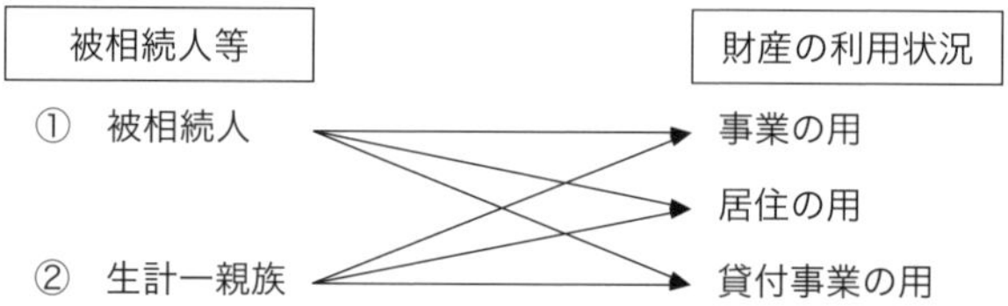

2　「生計を一にする」の判断

(1)　税法における生計一の判断

租税特別措置法では、生計を一にすることの判断基準がありません。国税通則法及び所得税法に次の規定があります。

①　国税通則法の「生計を一にする」

国税通則法通達第46条関係9号に、「「生計を一にする」とは、納税者と有無相助けて日常生活の資を共通にしていることをいい、納税者がその親族と起居を共にしていない場合においても、常に生活費、学資金、療養費等を支出して扶養している場合が含まれる。なお、親族が同一の家屋に起居している場合には、明らかに互いに独立した生活を営んでいると認められる場合を除き、これらの親族は生計を一にするものとする。」としています。

②　所得税法の「生計を一にする」

所得税法第2条（定義）に数か所「生計を一にする」の規定があります。これについて所得税基本通達2-47ではより具体的に規定しています。

【所基通2-47（生計を一にするの意義）】

法に規定する「生計を一にする」とは、必ずしも同一の家屋に起居していることをいうものではないから、次のような場合には、それぞれ次による。

⑴　勤務、修学、療養等の都合上他の親族と日常の起居を共にしていない親族がいる場合であっても、次に掲げる場合に該当するときは、これらの親族は生計を一にするものとする。

イ　当該他の親族と日常の起居を共にしていない親族が、勤務、修学等の余暇には当該他の親族のもとで起居を共にすることを常例としている場合

ロ　これらの親族間において、常に生活費、学資金、療養費等の送金が行われている場合

⑵　親族が同一の家屋に起居している場合には、明らかに互いに独立した生活を営んでいると認められる場合を除き、これらの親族は生計を一にするものとする。

⑵　生計を一にすることの実務判断

生計を一にするとは、扶養関係や同居を要しません。実生活では、扶養関係以外の者でも生計を一にしていることがあり、また同居していない場合でも生活費の送金をしているケースも多くあります。また、各人が相応の収入があることもあります。実務では判断に迷う事例が多くあります。甘い判断は避けますが、五分五分であるため迷うのであり、いずれにせよ選択しなければならないので、納税者有利に比重をかける判断もありでしょう。

3　措置法における生計を一にするの考え方

小規模宅地等の特例の適用について次のように判示した事例があります。

① 相続税の課税価格に算入すべき価額を軽減することにより、相続人の相続税負担の軽減を図る点にあるとした事例

所得税法における生計を一にする、とは上記の通りですが、小規模宅地等の特例の適用に当たっては必ずしも同様の考え方ではないようです。

「所得税法56条は、事業経営者と生計を一にする親族がその事業に従事している場合には、いわば家族ぐるみで事業を行っているものとみて、その事業所得を事業経営者によって代表される家族単位で一体的に把握し、その家族間における給料等の支払は内部的なものとして所得計算上問題にしないことを定めた規定であるのに対し、本件特例の趣旨は、相続人が相続した財産における担税力の有無に着目し、「被相続人と生計を一にしていた」相続人の「事業の用に供されていた宅地等」について、相続税の課税価格に算入すべき価額を軽減することにより、相続人の相続税負担の軽減を図る点にあると解される。したがって、本件特例が適用されるか否かを判断するためにその要件を検討するに当たっては、所得税法56条と同様に解することは相当ではなく、あくまでも本件特例の上記趣旨に従って解釈すべきであるところ、本件特例の上記趣旨によれば、本件土地が「被相続人と生計を一にしていた」相続人の「事業の用（中略）に供されていた宅地等」に該当するというためには、本件土地の上で営まれていた甲の事業（大工業）によって、甲の生計のみならず、丙の生計が維持されていたという関係がなければならない。」（東京高裁判決　2021年（令和3年）9月8日）

② 被相続人が居住する老人ホームの支払いがあったとしても、生計を一にしているとは言えないとした事例

「本件被相続人と同居していなかった請求人が本件被相続人と「生計を一にしていた」親族に当たるというためには、日常の生活に係る費用の主要な部分を共通にしていた関係にあったことを要するところ、本件被相続人にとっての日常の生活に係る費用の主要な部分は本件老人ホームの利用に当たって支払を

余儀なくされる費用であり、当該費用は本件被相続人が全て負担していたものと認められるのであるから、請求人は、本件被相続人と「生計を一にしていた」親族には当たらない。」（裁決　2019 年（平成 31 年）4 月 8 日）

③　具体的な「生計を一にしていた」の判断の事例

「本件特例にいう「生計を一にしていた」とは、同一の生活単位に属し、相助けて共同の生活を営み、ないしは日常生活の資を共通にしている場合をいい、「生計」とは、暮らしを立てるための手立てであって、通常、日常生活の経済的側面を指すものと解される。したがって、被相続人と同居していた親族は、明らかにお互いに独立した生活を営んでいると認められる場合を除き、一般に「生計を一にしていた」ものと推認されるが、別居していた親族が「生計を一にしていた」ものとされるためには、その親族が被相続人と日常生活の資を共通にしていたことを要し、その判断は社会通念に照らして個々になされるところ、少なくとも居住費、食費、光熱費その他日常の生活に係る費用の全部又は主要な部分を共通にしていた関係にあったことを要すると解される。」（裁決　2008 年（平成 20 年）6 月 26 日）

Section 6

宅地等の要件

1　小規模宅地等の区分（特例対象宅地等）

小規模宅地等とは、次の図のように宅地等のうちで一定の要件に該当する宅地等から、段階を踏んで最終的に納税者が選択したものをいいます（措法69の4①）。

具体的には、相続等により取得した被相続人等の事業の用又は居住の用に供されていた「宅地等」で建物又は構築物の敷地の用に供されている「特例対象宅地等」がある場合、特例の適用を受けることを選択した「選択等例対象宅地等」について、限度面積要件を満たした部分を「小規模宅地等」といいます（措法69の4①）。

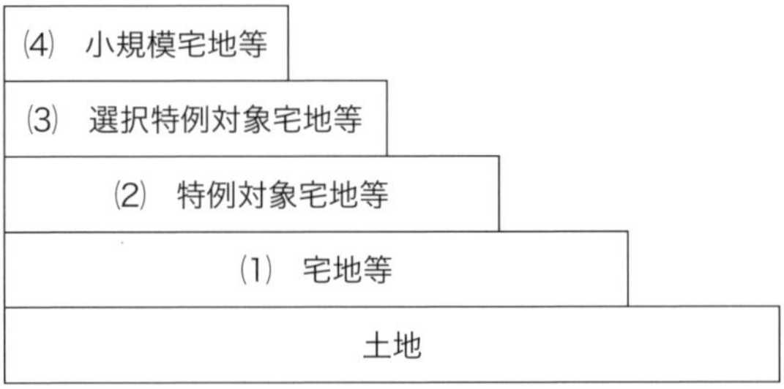

(1)　「宅地等」

特例の対象となるのは宅地等に限られます。宅地等とは、土地及び土地の上に存する権利で建物又は構築物の敷地の用に供されているものをいいます。

ただし、棚卸資産及びこれに準ずる資産及び耕作等の用に供されるものは除かれます（措令40の2④、措規23の2①）。

⑵ 「特例対象宅地等」

小規模宅地等の特例を適用できる宅地等は、大別すると「事業用」及び「居住用」の区分があります。事業用はさらに「貸付事業」及び「その他の事業」に区分されます（措法69の4①）。貸付けが、相当の対価を得て継続的に行われている場合は、貸付事業となります。その他の場合、被相続人の所有する建物で事業を行っている、又は親族の所有する建物等で事業を行っている等により、特例の判定は分かれます（措通69の4の4）。第2章 Section 2（特定事業用宅地等の要件）を参照してください。被相続人等の事業の用に供されていた宅地等とは次の範囲のものをいいます。

区分	内容
事業用	①　貸付事業用宅地等 その貸付けが事業に該当する場合に限ります。
	②　①に該当する宅地等を除き、被相続人等の事業用建物等で被相続人又は親族が所有していた者（生計一親族を除きます。以下「その他親族」といいます。）の敷地の用に供されていた宅地等

特例対象宅地とは次の①から④までをいいます。

①　特定事業用宅地等（措法69の4③一）
②　特定居住用宅地等（措法69の4③二）
③　特定同族会社事業用宅地等（措法69の4③三）
④　貸付事業用宅地等（措法69の4③四）

⑶ 「選択特例対象宅地等」

選択特例対象宅地等とは、特例対象宅地等のうち特例の適用を受けるものとして選択した宅地をいいます。このうち適用限度面積を満たした部分が「小規模宅地等」といいます。

2　特例対象宅地等及び減額割合等

⑴　特例適用の基本的な考え方

小規模宅地等の特例は「特定事業用宅地等」「特定居住用宅地等」「特定同族会社事業用宅地等」「貸付事業用宅地等」に区分されます。

小規模宅地等の特例は、次の3つに区分して大枠で押さえます。

①　事業用

②　居住用

③　貸付用（特定同族会社事業、貸付事業）

もとより事業及び居住の継続を本旨とする制度であることから「特定事業用宅地等」及び「特定居住用宅地等」の取扱いを押さえることがポイントです。しかし、実務的には「特定事業用宅地等」より「特定同族会社事業用宅地等」の適用事例が圧倒的に多いでしょう。

⑵　事業・貸付事業の区分

事業の用、貸付の用等の用語の区分は次によります。

①　事業：貸付事業を除く事業

②　貸付事業：不動産貸付業、駐車場業、自転車駐車場及び準事業

⑶　特例対象宅地等

小規模宅地等の特例の対象となる宅地は、大分類で「被相続人等の事業の用に供されていた宅地等（以下「事業用宅地等」といいます。）」及び「被相続人等の居住の用に供されていた宅地等（以下「居住用宅地等」といいます。）」に区分されます。

事業用宅地等は、中分類で「貸付事業以外の事業用の宅地等」「一定の法人に貸付けられ、その法人の事業（除く貸付事業）用の宅地等」「一定の法人に貸付けられ、その法人の貸付事業用の宅地等」「被相続人等の貸付事業用の宅地

等」に区分されます。

一定の法人に貸付けられ、その法人の事業（除く貸付事業）用の宅地等は更に「特定同族会社事業用宅地等」及び「貸付事業用宅地等」に分類されます。

上記を整理すると次の表になります。解説の都合上、次の区分表を「特例適用一覧表」といいます。

<table>
<tr><th>大分類</th><th colspan="2">中分類</th><th colspan="2">小分類</th><th rowspan="2">限度面積</th><th rowspan="2">減額割合</th></tr>
<tr><th colspan="3">用途区分</th><th colspan="2">要件</th></tr>
<tr><td rowspan="9">被相続人等の事業の用に供されていた宅地等（甲）</td><td colspan="2" rowspan="3">Ⓐ貸付事業以外の事業用の宅地等</td><td rowspan="3">①</td><td>「特定事業用宅地等」に該当する宅地等</td><td rowspan="3">400 m^2</td><td rowspan="3">80 %</td></tr>
<tr><td>①-1　被相続人の事業の用に供されていた宅地等</td></tr>
<tr><td>①-2　被相続人と生計を一にしていた親族の事業の用に供されていた宅地等</td></tr>
<tr><td rowspan="6">Ⓑ貸付事業用の宅地等</td><td rowspan="2">Ⓑ-1　一定の法人に貸し付けられ、その法人の事業（除く貸付事業）用の宅地等</td><td>②</td><td>「特定同族会社事業用宅地等」に該当する宅地等</td><td>400 m^2</td><td>80 %</td></tr>
<tr><td>③</td><td>「貸付事業用宅地等」に該当する宅地等</td><td>200 m^2</td><td>50 %</td></tr>
<tr><td>Ⓑ-2　一定の法人に貸し付けられ、その法人の貸付事業用の宅地等</td><td>④</td><td>「貸付事業用宅地等」に該当する宅地等</td><td>200 m^2</td><td>50 %</td></tr>
<tr><td rowspan="3">Ⓑ-3　被相続人等の貸付事業用の宅地等</td><td rowspan="3">⑤</td><td>「貸付事業用宅地等」に該当する宅地等</td><td rowspan="3">200 m^2</td><td rowspan="3">50 %</td></tr>
<tr><td>⑤-1　被相続人の貸付事業の用に供されていた宅地等</td></tr>
<tr><td>⑤-2　被相続人と生計を一にしていた親族の貸付事業の用に供されていた宅地等</td></tr>
<tr><td colspan="3" rowspan="3">被相続人等の居住の用に供されていた宅地等（乙）</td><td rowspan="3">⑥</td><td>「特定居住用宅地等」に該当する宅地等</td><td rowspan="3">330 m^2</td><td rowspan="3">80 %</td></tr>
<tr><td>⑥-1　被相続人の居住の用に供されていた宅地等</td></tr>
<tr><td>⑥-2　被相続人と生計を一にしていた親族の居住の用に供されていた宅地等</td></tr>
</table>

3　農地等

⑴　農地等への適用

農地は、事業用資産ではありますが、宅地ではないことから農地に対する小規模宅地等の特例は適用できません。

建物又は構築物の敷地の用に供されている土地であっても、農業用建物等の敷地については農地の範疇と判断します。

小規模宅地等の特例は、財務省令で定める建物又は構築物の敷地の用に供されているものに対して適用できます（措法69の4①）。この場合の建物又は構築物とは、施行規則第23条の2第1項において次に掲げる建物又は構築物以外の建物又は構築物とされています（措規23の2①）。

① 温室その他の建物で、その敷地が耕作（農地法第43条第1項の規定により耕作に該当するものとみなされる農作物の栽培を含みます。）の用に供されるもの

② 暗渠その他の構築物で、その敷地が耕作の用又は耕作若しくは養畜のための採草若しくは家畜の放牧の用に供されるもの

農地等についての相続税の緩和は、別途納税猶予制度があります。

⑵　農機具の保管建物

農機具等農作業に必要な機械類を保管する建物及び農作業場等の建物で、宅地の上に建築されているような施設については、農地と判定することに無理がありますので、事業用宅地等の要件を満たす限り特例の適用ができます。

4　宅地等の形状による適用範囲

特例対象宅地等の評価は、財産評価基本通達に則って算出された土地等の価額を基に、減額割合を乗じて課税価格を算出します。

［事例で確認］

CASE 1 旗竿地の場合

Q 被相続人が居住していた建物の敷地は、下図のような旗竿地でした。A 部分は B 宅地への進入路で、被相続人及び家族のみが利用しています。この場合、A 部分についても小規模宅地等の特例が適用できますか。

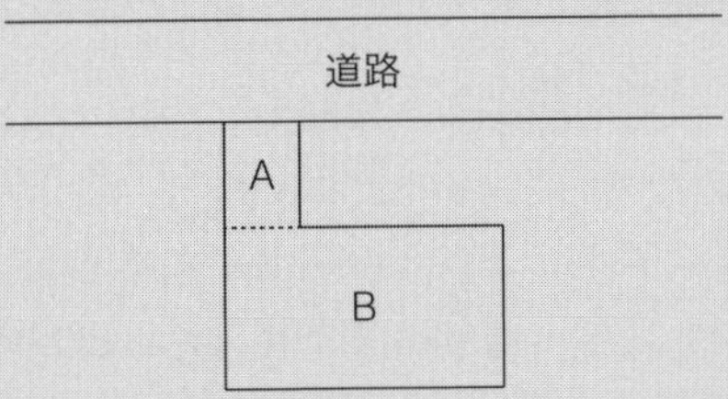

A このような土地を自己の通行のみで利用している場合は、A 部分について私道評価ではなく自用地として評価します。A 及び B を合計した全体が自用地となるため、全体に対して小規模宅地等の特例が適用できます。

CASE 2 私道の場合

Q 被相続人が居住していた建物の敷地は、下図のとおりです。A 部分は B 宅地への進入路ですが、私道です。この場合、A 部分についても小規模宅地等の特例が適用できますか。

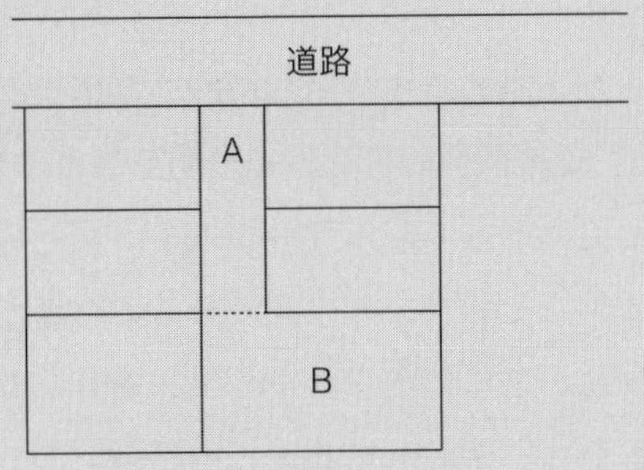

A 私道であっても居住用宅地等である B 土地の維持・効用を果たすために必要不可欠なものですから、私道部分の共有持分についても被相続人の

居住用宅地として小規模宅地等の特例の対象となります。

5 信託に関する権利

特例対象宅地等には、個人が相続等により取得した信託に関する権利で、信託の目的となっている宅地等が、相続の開始の直前に被相続人又は被相続人等の事業の用又は居住の用に供されていた宅地等が含まれます（措通 69 の 4–2）。

なお、相続税法第 9 条の 2 第 6 項ただし書に規定する信託に関する権利（法人税法に規定する集団投資信託、法人課税信託等）及び同法第 9 条の 4 第 1 項又は第 2 項の信託の受託者が、これらの規定により遺贈により取得したものとみなされる信託に関する権利（受益者等が存しない信託等）は除かれます。

6 公共事業の施行により、従前地及び仮換地について使用収益が禁止されている場合

特例対象宅地等には、個人が被相続人から相続等により取得した被相続人等の事業用（準事業を含みます。）又は居住用（以下「居住用等」といいます。）に供されていた宅地等（以下「従前地」といいます。）で、公共事業の施行による仮換地（土地区画整理法第 3 章第 3 節（仮換地の指定））の指定に伴い、相続開始の直前において従前地及び仮換地の使用収益が共に禁止されている場合で、相続開始の時から相続税の申告期限までの間に被相続人等が仮換地を居住用等に供する予定がなかったと認めるに足りる特段の事情がなかったものが含まれます（措通 69 の 4–3）。この取扱いは、次の理由によります。「相続開始の直前においては本件土地は更地となり、本件仮換地もいまだ居住の用に供されてはいなかったものであるが、それは公共事業である本件事業における仮換地指定により両土地の使用収益が共に禁止された結果、やむを得ずそのような状況に立たされたためであるから、相続開始ないし相続税申告の時点において、丁又は上告人らが本件仮換地を居住の用に供する予定がなかったと認めるに足りる特段の事情のない限り、甲土地は、措置法 69 条の 3（平成 13 年改正前（著者

注)）にいう「相続の開始の直前において……居住の用に供されていた宅地」に当たると解するのが相当である。」（最高裁判決　平成19年1月23日 TAINSZ257−10614）

特段の事情とは、次に掲げる事情がある場合をいいます。

① 従前地について売買契約を締結していた場合

② 被相続人等の居住用等に供されていた宅地等に代わる宅地等を取得していた場合（売買契約中のものを含みます。）

③ 従前地又は仮換地について物納の申請又は物納の許可を受けていた場合

[事例で確認]

CASE 1 共有となっている敷地の上に建物が複数ある場合の考え方

Q 被相続人Aは建物を2棟所有し、甲建物はA及び配偶者Bの居住用、乙建物は貸付用として利用していました。2棟の建物の敷地は400 m^2 で、A及びBの共有であり、持分はA 100分の70、B 100分の30となっていました。この場合、特定居住用宅地として適用できる面積はどのように求めるのでしょうか。居住用部分を優先的に適用できるでしょうか。

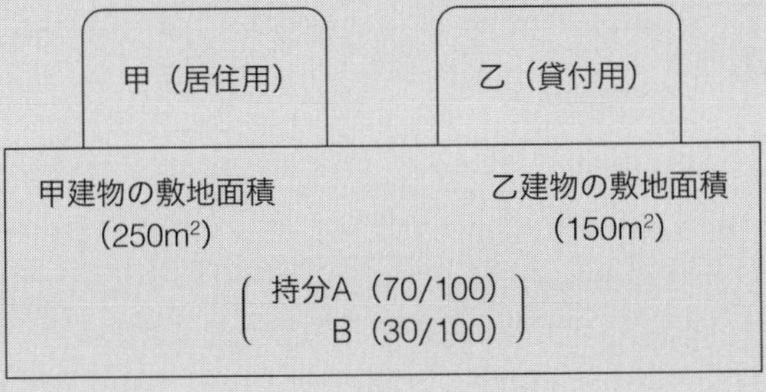

A 共有持分には、その土地全体に対して共有割合に応じた権利及び義務があります。共有持分のまま特定の部分を切り取って、特定の権利を帰属させることはできません。

A及びBの権利部分には常に居住用部分と貸付用部分があることになり

ます。各人の土地の持分に応じた利用状況は次の通りです。特定居住用宅地として適用できる面積は $175\ m^2$ です。

権利者	甲建物に応じた敷地	乙建物に応じた敷地
A	$175\ m^2 \left(250\ m^2 \times \frac{70}{100}\right)$	$105\ m^2 \left(150\ m^2 \times \frac{70}{100}\right)$
B	$75\ m^2 \left(250\ m^2 \times \frac{30}{100}\right)$	$45\ m^2 \left(150\ m^2 \times \frac{30}{100}\right)$

CASE 2 建物が相続人と共有となっている場合の敷地の適用

Q 被相続人の居住用建物が、被相続人Ａ及び相続人Ｂの各２分の１の持分となっています。建物の敷地はＡの所有です。この場合、特定居住用宅地の適用面積はＡの持分しか受けられないでしょうか。

A 居住用宅地の上にある建物の所有者の要件はありません。被相続人が居住する建物であればよく、建物の持分が他の者と共有であっても、その敷地の利用割合を案分しません。

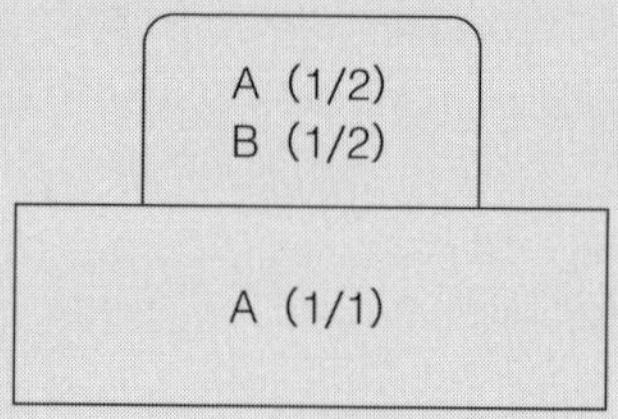

Section 7

建物又は構築物

1 建物又は構築物の敷地の用

(1) 建物又は構築物

特例の対象となる土地等は「建物又は構築物（以下「建物等」といいます。）敷地の用」に供されていることが必須の要件です（措法69の4①）。建物等は、次に掲げる建物等以外のものをいいます（措規23の2①）。

① 温室その他の建物で、その敷地が耕作（農地法第43条第1項の規定により耕作に該当するものとみなされる農作物の栽培を含みます。②においても同じです。）の用に供されるもの

② 暗渠その他の構築物で、その敷地が耕作の用又は耕作若しくは養畜のための採草若しくは家畜の放牧の用に供されるもの

(2) 構築物

構築物とは、建造された構造物であり、建物以外のものをいいます。構築物は工作物の概念に包含されていることから、空地に砂利を敷きつめただけでは構築物に該当しません。

2 建物の所有及び利用状況

建物及びその所有者により適用関係が異なります。

小規模宅地等の特例の本旨は、事業又は居住の継続を保護することにあります。そのため建物の所有者は被相続人はもちろん、親族であってもその敷地に対して特例を適用することができます。ただし建物は無償で使用していることです。

また、建物所有者から地代を受け取っていれば、貸付地となるので軽減率は50 %です。

区分	建物等の所有者
事業用	被相続人又は親族が所有していたもの
居住用	被相続人又は親族が所有していたもの
貸付事業用	所有者に制限がない

[事例で確認]

CASE 建物所有者が異なる場合

次に被相続人Aが居住している建物を例にいくつかパターンを紹介します。

居住者：A

宅地所有者：A

建物所有者：A、親族B、生計一親族C、その他の者D

	建物所有者	権利関係	特例適用の可否
①	A	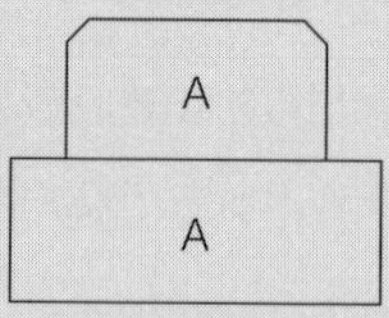	特例適用可
②	B	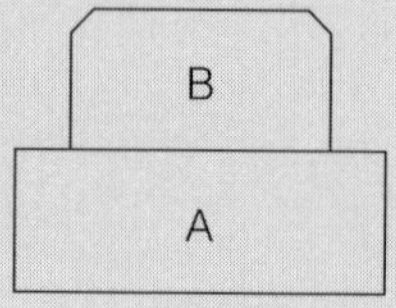	特例適用可

③	A 及び B の共有	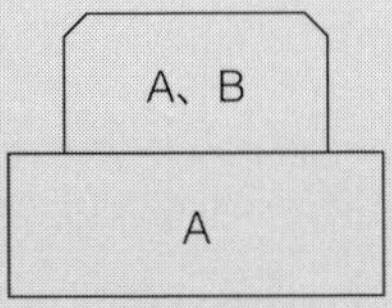	特例適用可
④	C	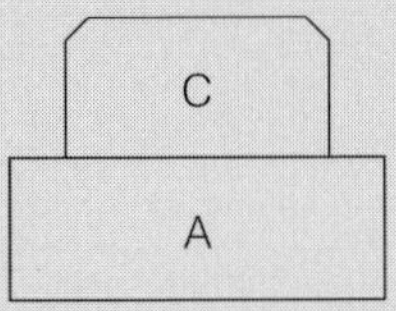	C が取得した場合、特例適用可
⑤	D（地代を A に支払っている）	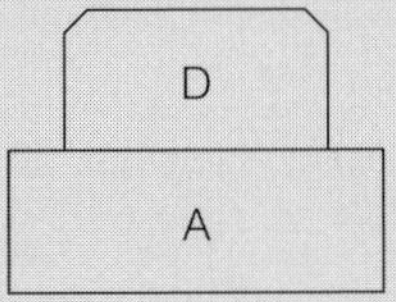	宅地は貸付地となることから貸付事業用

Section 8

限度面積要件

1　限度面積

(1)　現行の限度面積

最初に解説しましたように、特例対象面積は改正の目玉商品のように拡大してきました。地価高騰による課税価格の上昇を緩和するためや事業承継の負担を少なくするという時代の要請によるものです。

特例対象面積は限度があります。2014年（平成26年）以前は特定事業用宅地等及び特定居住用宅地等は一定の調整計算がありましたが、現在はそれぞれの限度面積を満たすまで併用適用できます。特定事業用宅地等及び特定同族会社事業用宅地等は合わせて400 m²まで、特定居住用宅地等は330 m²まで適用でき、特定事業用宅地等及び特定居住用宅地等を取得した場合、最大730 m²までその土地の価額の80 %を減額できます。特定居住用宅地等の330 m²は100坪ですから東京圏や大阪圏の大都市の居住者にとっては目いっぱい適用するケースは多くはないでしょうが、地方では100坪では足りないという声も聞きます。少なくとも都市部の相続人にとって大盤振る舞いの面積でしょう。

(2)　減額割合と限度面積

限度面積は次の表のとおりです（措法69の4②)。実際の面積とは特例対象地として選択した宅地の面積をいいます。貸付事業用宅地等は200 m²まで適用できますが、特定事業用宅地等又は特定居住用宅地等と併用適用する場合、適用面積の調整をしなければなりません。限定的な併用適用となっています。

▍減額割合と限度面積

特例対象宅地等の区分	減額割合	実際の面積	限度面積	
特定事業用宅地等 特定同族会社事業用宅地等	80％	Ⓐ	400m^2	特定事業用宅地等及び特定同族会社事業用宅地等の面積の合計400m^2まで適用できます。
特定居住用宅地等	80％	Ⓑ	330m^2	特定事業用等宅地等とそれぞれの限度面積まで併用適用できます。この場合、合計730m^2が特例を受けることができます。
貸付事業用宅地等	50％	Ⓒ	次の計算による面積まで適用できます。 Ⓐ×$\frac{200}{400}$＋Ⓑ×$\frac{200}{330}$＋Ⓒ≦200m^2	

⑶　実際の面積

⑵の限度面積を計算する場合における「実際の面積」の区分は次の通りです。

Ⓐ　相続等により財産を取得した者に係る全ての選択特例対象宅地等である特定事業用宅地等又は特定同族会社事業用宅地等（以下、特定事業用宅地等と合わせて「特定事業用等宅地等」といいます。）の面積の合計

Ⓑ　相続等により財産を取得した者に係る全ての選択特例対象宅地等である特定居住用宅地等の面積の合計

Ⓒ　相続等により財産を取得した者に係る全ての選択特例対象宅地等である貸付事業用宅地等の面積の合計

　貸付事業用宅地等は、一定の法人に貸し付けられその法人が貸付事業の用に供している宅地を含みます。

⑷　適用対象者

特例が適用できるのは、特例対象宅地等を取得した者全てです。特例対象宅地等の区分に応じて複数の者が適用できる場合があります。誰がどの部分を適用するかは、納税額に直結します。そのため、特例適用可能性のある者全ての

同意が必要となっています。

例えば、被相続人と同居する子Aが取得した居住用宅地（200 m²）と、生計を一にする子Bが居住する宅地（200 m²）を各人が取得した場合、両方の宅地が特定居住用宅地等に該当します。A及びBの宅地の合計面積は330 m²ですので、このままでは全面積の適用ができません。そこでA及びBは、特例対象面積の配分の協議をすることになります。各人の主張は様々あるでしょう。

① 330 m²の2分の1ずつを配分する。

② 評価額の高いほうを優先的に配分する。

③ 納税額が低くなるAが取得した部分を優先的に配分する。

配分の面積は全く自由であることから、もめる可能性があります。そのため、どの宅地を取得するか適用可能性のある宅地等の取得者全員の合意が成立しない場合、特例を受けることができないことになっています。合意しない場合の不利益は、相続人等全員が負うことになります。遺産分割で各人の主張を調整した後にやっと取得者が確定し、小規模宅地等の特例の適用宅地の選択で協議し、更に面積の調整で協議しなければ終わりません。相続税の難しさの一つがここにあります。

(5) 特定事業用宅地等、特定同族会社事業用宅地等の限度面積

特定事業用宅地等及び特定同族会社事業用宅地等は、どちらも適用しても限度面積は合計400 m²です。同族会社事業用宅地とは、本来が個人事業の1形態と捉えられますので、この2つを一括りとしたのでしょう。法人ということで別枠400 m²まで適用できるとして分離すると、個人事業の一部を法人化して800 m²まで適用する事例が出るでしょう。そのような不公平を無くすことからも、400 m²を限度とするのは合理的です。

2 貸付事業用宅地等がある場合の計算

貸付事業用宅地等については、その面積が200 m²まで特例対象です。貸付用の宅地については事業用や居住用宅地とは異なり、保護の対象から外されるべ

きものでしょうが、政策的な意味合いから特例の対象となっています。そのため減額される割合が50％となっています。また、特定事業用及び特定居住用宅地等と併用して適用することができますが、その場合の限度面積は200 m² です。

限度面積の計算は、特定事業用等宅地等の選択合計面積に400分の200を乗じた金額に、特定居住用宅地等の選択合計面積に330分の200を乗じた金額及び貸付事業用宅地等の選択合計面積を加えた合計面積であり、200 m² 以下となります。400分の200又は330分の200の計算は、貸付事業用宅地の限度面積200 m² に基準を合わせたものです。

具体的には、次の算式によります（措通69の4-10）。なお、ⒶⒷⒸの記号は上記1⑵表【減額割合と限度面積】の特例対象宅地等の区分に応じた「実際の面積」によります。

$$Ⓐ \times \frac{200}{400} + Ⓑ \times \frac{200}{330} + Ⓒ \leqq 200\ \mathrm{m}^2$$

3　限度面積要件を満たさない場合

選択特例対象宅地等が限度面積要件を満たしていない場合は、その選択特例対象宅地等のすべてについて小規模宅地等の特例の適用はありません。

なお、この場合、その後期限後申告書及び修正申告書において、その選択特例対象宅地等が限度面積要件を満たすこととなったときは、その選択特例対象宅地等について適用ができます（措通69の4-11）。

［事例で確認］

CASE 特定事業用宅地等及び貸付事業用宅地等がある場合の計算

Q 相続した宅地は、特定事業用宅地180 m² 及び貸付事業用宅地300 m² でした。特定事業用宅地が限度面積に満たないため貸付事業用宅地にも特例を適用したいと考えています。400 m² を目一杯適用できるでしょうか。

A 貸付事業用宅地等は200 m² まで適用できますが、特定事業用宅地等を併用して適用する場合、適用面積を調整します。計算は次の通りです。

① 相続した宅地等の面積及び価額

宅地等の区分	面積	価額
特定事業用宅地等（Ⓐ）	180m^2	5,000 万円
貸付事業用宅地等（Ⓒ）	300m^2	4,000 万円

② 特定事業用宅地等の減額の計算

イ 特定事業用宅地等の限度面積は 400 m^2 ですから、180 m^2 まで目一杯適用できます。

ロ 減額される金額

5,000 万円 × 80 % = 4,000 万円

ハ 課税価格に算入される金額

5,000 万円 − 4,000 万円 = 1,000 万円

③ 貸付事業用宅地等を併用する場合の限度面積及び金額の計算

イ 適用限度面積

貸付事業用の限度面積は次の通り 110 m^2 です。

$$Ⓐ \times \frac{200}{400} + \alpha \leqq 200\ \mathrm{m}^2$$

$$\alpha = 200\ \mathrm{m}^2 - Ⓐ \times \frac{200}{400}$$

$$= 200\ \mathrm{m}^2 - 180\ \mathrm{m}^2 \times \frac{200}{400} = 110\ \mathrm{m}^2$$

ロ 貸付事業用宅地等の価額のうち小規模宅地等の価額

$$4{,}000\ 万円 \times \frac{110\ \mathrm{m}^2}{300\ \mathrm{m}^2} = 1{,}466\ 万円$$

ハ 減額される金額

1,466 万円 × 50 % = 733 万円

ニ 課税価格に算入される金額

4,000 万円 − 733 万円 = 3,267 万円

4　相続税の実務

貸付事業用宅地等を組み込むと、200 m^2 が限度となります。実際に適用する場合、適用面積及び減額割合が大きい特定事業用宅地等又は特定居住用宅地等を最優先で適用し、面積に余裕がある場合に貸付事業用宅地等を適用します。しかし、居住用宅地が単価の低いところにあり、貸付事業用宅地が単価が高い都心部にあるような場合、どの部分から先に適用するか十分に検討しなければなりません。

特例対象宅地等を取得した相続人全員の合意が必要ですが、納税額の負担が最も少なくなるシミュレーションをします。しかし、相続人の意見や感情も重要で、単に相続税が安くなるからというだけで納得しないことがあります。

Section 9

保有継続要件

1 保有期限

(1) 特例の大原則

小規模宅地等の特例の要件の一つは、特例によって微妙に表現は異なりますが基本的に「その宅地等を相続開始から申告期限まで所有していること」です。特定居住用宅地等を配偶者が取得した場合は、保有期限がないので、特例の適用が無条件でできます。その他の特例は、配偶者を含め誰が取得した場合であっても、全て申告期限までの保有継続要件があります。

特例宅地等	取得者	保有継続要件
特定居住用宅地等	配偶者	無し
全ての特例対象宅地等	配偶者を含め全ての取得者	有り

(2) 配偶者が取得した特定居住用宅地等

配偶者が取得した居住用宅地等は、配偶者が居住している宅地等に限定されていません。特定居住用宅地等の要件は被相続人又は生計一親族の居住用宅地等に適用されます。生計一親族の居住用宅地等を配偶者が取得することができます。この宅地等は保有継続要件に該当しないため、申告期限までに配偶者が譲渡した場合であっても特例の適用ができます。

2　相続税の申告期限

相続税の申告期限は「その相続の開始があったことを知った日の翌日から10か月以内」（相法27①）です。「相続の開始があったことを知った日」とは「自己のために相続の開始があったことを知った日」（相基通27-4）のことであるため、納税義務者ごとに申告期限が異なることになりますが、一般的にはほとんど問題となることはないでしょう。相続税法基本通達27-4では、失踪宣告を受け死亡したものとみなされた場合等、相続の開始があったことを知った日についての規定があります。

また、相続税法には申告期限の延長規定はありません。ただし、国税通則法又は租税特別措置法には、特殊な事情又は災害による多大な被害を被った相続人については、申告期限の延長規定が設けられています。これらの規定により延長されている場合は、その延長された時が申告期限です。第8章 Section 5（申告期限延長の取扱いと特例の適用）を参照してください。

第 2 章

特定事業用宅地等

特定事業用宅地は、個人事業の円滑な承継のために、相続税の負担を緩和することを旨としています。事業の用に供している宅地等の面積が 400 m^2 まで価額の 80 %が減額となる、大盤振る舞いの特例です。事業用資産が対象となっていることから、特例の適用についてあまり問題となることはありません。2019 年（平成31年）に創設された「個人事業者の事業用資産についての相続税の納税猶予制度」（措法 70 の 6 の 10）も同様に個人事業の円滑な承継のための制度です。そのため小規模宅地等の特例と併用適用できないことに留意します。

Section 1

特定事業用宅地等の概要

1　事業用宅地等の減額

事業用宅地等については、自己の事業として使用することから財産評価において画地調整以外は減額できる要素はありません。事業承継のためには土地に対する相続税の緩和が必要であるとの視点から、一定の要件を満たす宅地等について減額が認められています。

2　事業用宅地等の特例の創設と変遷

昭和20年の終戦後事業を立ち上げた人たちが、30年近く経った昭和40年代の後半、そろそろ事業承継の年になりました。当時はサラリーマンの定年が一般的に55歳でしたから、自営業者には定年がないとはいえ、事業承継が相続税と絡めて問題となってきました。貸付地や貸家は財産評価で考慮されますが、個人事業の土地や建物はダイレクトに相続税の課税対象となっています。そこで個人事業者の相続税負担緩和のための方策として、事業用の土地の価額を減額する制度を構築したのが小規模宅地等の特例です。特定同族会社事業用宅地等及び貸付事業用宅地等は特定事業用宅地等に付随するようなものです。

[1975年（昭和50年）]

1975年（昭和50年）に個別通達「事業又は居住の用に供されていた宅地の評価について（昭和50年6月20日付直資5-17）」により、一定の事業用及び居住用宅地について、評価額から20％を控除する取扱いが定められました。この取扱いは地価の高騰に伴い相続税の負担や宅地の分散によって小規模の事業用地が細分化されることを防ぎ、中小企業、中堅サラリーマン等の維持育成を図る必要があるとの見地から発せられたものです。すなわち、事業又は居住の用に供されていた宅地のうち、最小限必要な部分については、相続人等の生活基盤維持のため欠くことのできないものであり、その処分には相当の制約を受けることから、通常の取引価額を基とする評価額に、斟酌を加える扱いとしました。

[1983年（昭和58年）]

租税特別措置法による規定となり、1975年の通達が廃止されました。本来課税価格の減額措置等、納税額に影響を及ぼす取り扱いは法定化すべきであることから本来の姿となったものです。この時の法定化で、事業用資産の維持は生計資本及び雇用の確保に必要な措置であることから、減額割合が40％と倍増しました。事業と称するには至らない不動産の賃貸についても準事業として40％の減額が適用できることとなりました。

[1988年（昭和63年）]

事業用宅地の減額割合が60％と大幅に増加しました。また、事業用であることを利用して、租税回避事例があることから事業用が見直され、準事業については特例の対象から除外されました。

[1994年（平成6年）]

地価高騰により事業継続が困難となっている現状を踏まえ、申告期限まで事業を継続する場合について「特定事業用宅地等」が創設され、80％の減額となりました。現行制度の原型となった改正です。継続しない場合については、その他事業用宅地等として減額割合を50％とすることとなりました。

[1999年（平成11年）]

特定事業用宅地等及び特定同族会社事業用宅地等の対象面積が330 m^2まで拡大されました。

[2001年（平成13年）]

特定事業用宅地等及び特定同族会社事業用宅地等の対象面積が400 m^2まで拡大されました。面積要件及び減額割合は、この年以後改正はありません。

[2010年（平成22年)]

この年の改正は、主として居住用宅地の行き過ぎた緩和を見直しがおこなわれ、事業用宅地等については、相続税の申告期限まで事業を継続しない場合に適用されていた50％減額措置を廃止しました。

また、特定事業用宅地等の要件を満たす者がいる場合、その宅地等全体が特例の対象となっていましたが、要件を満たす親族の持分に対応する部分のみが軽減対象となりました。

[2019年（平成31年)]

特定事業用宅地等の範囲から、相続開始前3年以内に事業の用に供された宅地等が除外されました。この改正は、2018年（平成30年）に貸付事業用宅地等の範囲から相続開始前3年以内に貸付事業の用に供された宅地等が除外された改正を、後追いで特定事業用宅地等に適用したものです。

Section 2

特定事業用宅地等の要件

1　事業とは

措置法において、小規模宅地等の特例における事業の定義は、定められていません。一般的には個人が営利を目的として継続反復的に行う業務のことをいいます。次の裁判事例が参考になります。

「本件特例にいう「事業」の意義について直接定めた規定は存在しないが、所得税法上の「事業」と別異に解すべき理由はないから、租税法の解釈の統一性、法的安定の確保の要請から、所得税法上の「事業」と同じ意義に解すべきである。所得税法上も、「事業」の意義について定義した規定はなく、結局、法の趣旨及び社会通念に照らして解するほかはないが、所得税法上の「事業」とは、自己の計算と危険において独立して営まれ、営利性、有償性を有し、かつ反覆継続して遂行する意思と社会的地位とが客観的に認められる業務をいうものと解されている（最高裁判所昭和56年4月24日第2小法廷判決・民集35巻3号672頁参照）ところであり、本件特例にいう「事業」についても右と同じ意義に解するのが相当である。」（東京地裁平成10年4月30日判決）

2　事業用宅地等の範囲

特例の対象となる特定事業用宅地等は、事業用宅地等のうち一定の要件を満たしたものに限られます。

【特定事業用宅地等】
・事業用宅地等で一定の要件を満たすもの（措法 69 の 4 ③ 1）

【事業用宅地等】
・事業の用に供する宅地等
個人の事業用であれば、収入や所得の多寡にかかわらず、ほとんど該当します。
・事業に準ずる宅地等

3 特定事業用宅地等とは

(1) 特定事業用宅地等

特定事業用宅地等は、大分類における「被相続人等の事業の用に供されていた宅地等」のうち中分類「貸付事業以外の事業用の宅地等」に該当する宅地等をいいます。更に小分類として「被相続人の事業の用に供されていた宅地等」及び「被相続人と生計を一にしていた親族の事業の用に供されていた宅地等」に区分されます（措法 69 の 4 ③ 1）。相続開始前 3 年以内に新たに事業の用に供された宅地等を除きます。

31 ページの特例適用一覧表のうち特定事業用宅地等は、次の通りです。

大分類	中分類	小分類		限度面積	減額割合
用途区分		要件			
被相続人等の事業の用に供されていた宅地等（甲）	Ⓐ貸付事業以外の事業用の宅地等	①	「特定事業用宅地等」に該当する宅地等	400 m^2	80 %
			①-1　被相続人の事業の用に供されていた宅地等		
			①-2　被相続人と生計を一にしていた親族の事業の用に供されていた宅地等		

(2) 特定事業用宅地等の判断

特定事業用宅地等の要件には、単に事業の用に供していた宅地等だけでは判断できません。次の要件に該当しているかどうかを検討しなければなりません。

① 事業者の要件：誰の事業であったか
② 事業の要件：何の事業であったか
③ 建物所有者の要件：誰の建物で事業を行っていたか
④ 取得者の要件：事業の用に供されていた宅地等を誰が取得したか

4 事業者の要件

事業を行っていた者は、次の者です（措法69の4③一）。

① 被相続人
② 生計一親族

被相続人が事業主として確定申告している場合はほとんどが該当するでしょう。

5 事業の要件

(1) 事業用宅地等の範囲

相続税の特例であることから、事業用宅地等とは、個人の事業の用に供されていた宅地等を指します。下記の通り①貸付事業、又は②被相続人の事業に区分されます（措通69の4-4）。

① 他に貸し付られていた宅地等
　その貸付けが事業に該当する場合に限ります。
② ①以外の宅地等を除き、被相続人等の事業用建物等で、被相続人等が所有していたもの又はその他親族が所有していたものの敷地の用に供されていたもの

⑵ 事業に該当しないもの

事業とは不動産貸付業その他措置法施行令40条の2第7項に規定する事業（以下「不動産貸付業等」といいます。）を除きます。不動産の貸付けについては、事業用宅地等又は居住用宅地等と異なり財産評価において、一定の減額措置が講じられていること、不動産の貸付事業そのものが保護する必要性が弱いこと及び不動産貸付事業用宅地等の特例が設けられていること等から、特定事業用宅地等から外れます。

〔不動産貸付業等〕

① 不動産貸付業（措法69の4③一）
② 駐車場業（措令40の2⑦）
③ 自転車駐車場業（措令40の2⑦）
④ 準事業（措法69の4①、措令40の2①⑦）

事業と称するに至らない不動産の貸付けその他これに類する行為で相当の対価を得て継続的に行うものをいいます。その他これに類する行為というのは規定はありませんが、貸付けの概念から外れることのない行為のことと考えられます。

⑶ 判定の時期

被相続人の事業の用に供していたか否かは、相続開始の直前で判定します（措法69の4①）。

6 建物所有者の要件

事業用資産に該当する宅地等の上に存する建物等（以下「事業用建物等」といいます。）の所有者は次の通りです（措通69の4-4）。

① 被相続人等が所有していたもの

② 被相続人の親族が所有していたもの

この場合の親族とは、生計一親族を除きます（以下「その他親族」といいます。）。つまり、その他親族が所有していたもののことです。

また、被相続人等が建物等を、その他親族から無償で借り受けていた場合に限ります。無償とは、必ずしも一切の対価を受け取らないことをいうのではなく、相当の対価に至らない程度の対価の授受がある場合を含みます。小規模宅地等の特例において「無償」との表現は、すべて上記の通りです。被相続人が家賃を支払っている場合、その建物は貸家ということになり、貸家所有のためにその敷地を提供していることになることから、有償の貸付の場合は特例の対象になりません。また、親族が被相続人から土地を有償で借りている場合、つまり地代を支払っている場合も同様、被相続人にとっては貸地ということになり事業用資産としては貸付事業用宅地等と判定されます。親族が無償で提供していることが必須の要件です。特定事業用資産として 80 %もの減額ができる宅地であるためには、このような厳しい条件が必要でしょう。

<table>
<tr><th>宅地等
所有者</th><th>建物等
所有者</th><th>事業者</th><th>土地又は建物の貸借状況</th><th>減額割合</th></tr>
<tr><td rowspan="8">被相続人</td><td rowspan="2">被相続人</td><td>被相続人</td><td>被相続人が所有する建物等で事業を行っている場合</td><td rowspan="6">80 %</td></tr>
<tr><td>生計一親族</td><td>建物等を無償で貸し付けている場合</td></tr>
<tr><td rowspan="2">生計一親族</td><td>生計一親族</td><td>宅地等を無償で貸し付けている場合</td></tr>
<tr><td>被相続人</td><td>宅地等を無償で貸し付け、建物等を無償で借り受けていた場合</td></tr>
<tr><td rowspan="4">その他親族</td><td>被相続人</td><td>被相続人が無償で借り入れている場合</td></tr>
<tr><td>生計一親族</td><td>生計一親族が無償で借り入れている場合</td></tr>
<tr><td>被相続人</td><td>被相続人が有償で借り入れている場合</td><td rowspan="2">0 %</td></tr>
<tr><td>生計一親族</td><td>生計一親族が有償で借り入れている場合</td></tr>
</table>

7　取得者の要件

(1)　被相続人の事業用宅地等

①　親族等の取得

被相続人の事業の用に供されていた宅地等を相続等により取得し、特例が適用できるのは被相続人の親族です。取得した親族は申告期限まで事業を承継及び保有するという要件があります（措法69の4③一イ）。特定事業用宅地等の特例は、被相続人の事業を相続開始時から申告期限まで承継することが重要な要件です。本来この特例は中小企業者の事業継続のための税負担を緩和するために創設されていることによります。そのため、被相続人の事業を引き継ぐことが重要なポイントです。

下表の通りです。

取得者	要件	内容
親族等	事業承継要件	相続開始時から申告期限まで、その宅地等の上で営まれていた被相続人の事業を承継すること
	事業継続要件	申告期限まで、その事業を営んでいること
	保有継続要件	申告期限まで、その宅地等を保有していること

引き継ぐ者は親族であればいいので、被相続人と事業を行っていなくても構いません。会社員であった子が退職して、親の事業を承継した場合でも要件を満たせば、特例の適用ができます。

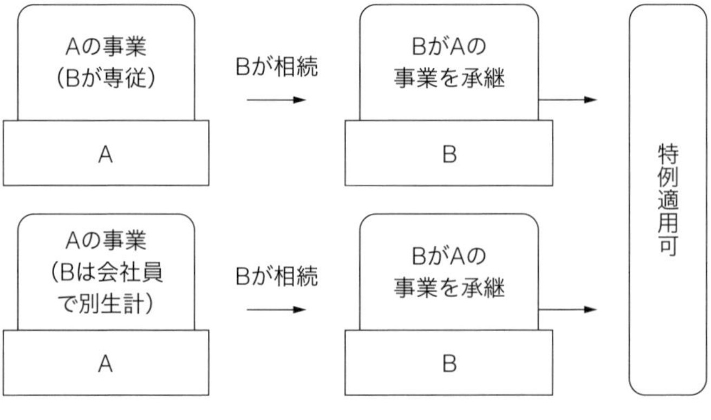

② 相続した親族等が申告期限までに死亡した場合

親の事業を引き継ぐはずであった子が申告期限までに死亡することが想定されます。この場合、特例の適用ができないとすると、その子の相続人の税負担が重くなります。そこで、事業承継者が申告期限までに死亡した場合、次の取扱いとなっています。

イ　第2次相続の被相続人が第1次相続の被相続人の事業を引き継いだ後に死亡した場合

被相続人（第1次相続）から事業用宅地等を取得した親族が、第1次相続の申告期限前に申告書を提出しないで死亡した場合（第2次相続）、その親族から相続等によりその宅地等を取得したその親族の相続人が①の表の要件を満たせば特定事業用宅地等として特例の適用を受けることができます（措法69の4③一、措通69の4-15）。第1次相続の相続人とは一般的には子、第2次相続の相続人とは、孫を想定します。

この場合の申告期限は、相続税法第27条第2項（相続税の申告書）の申告期限をいいます。相続税法第27条第2項の規定は、相続税の申告書を提出すべき者が提出期限前に申告書を提出しないで死亡した場合、その者（第2次相続の相続人）は、第2次相続の開始があったことを知った日の翌日から10か月以内に第1次相続の被相続人の相続税の申告書を提出することとなっています。

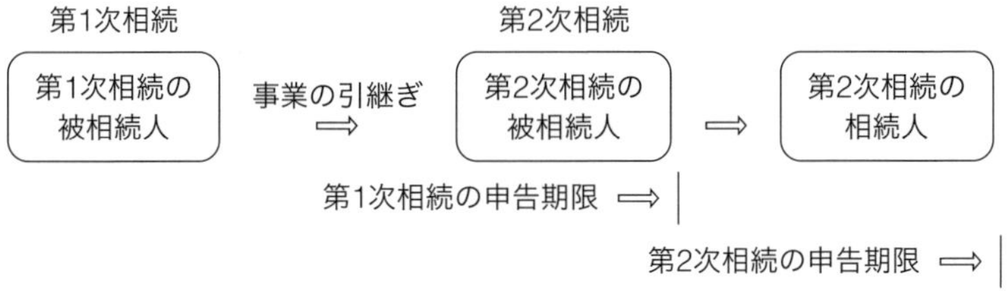

ロ　第2次相続の被相続人が第1次相続の被相続人の事業を引き継ぐ期間がなく死亡した場合

第2次相続の被相続人が第1次相続の被相続人の事業を引き継がず死亡した場合、第2次相続の相続人が特例の適用ができないことになりますので、このような場合であっても、第1次相続の被相続人から第2次相続の相続人に直接事業が引き継がれたとしても特例の適用ができます（措通69の4-15注）。

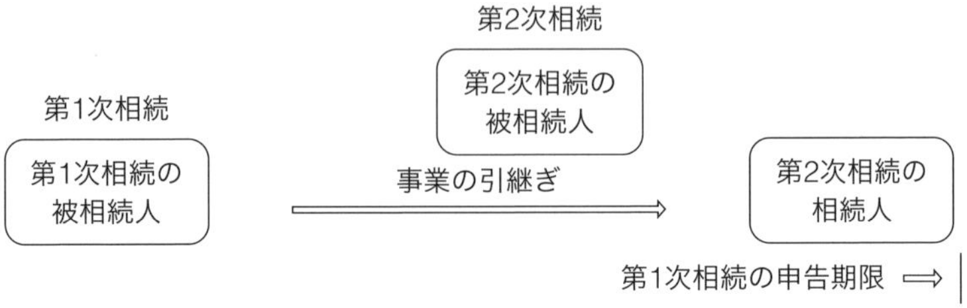

⑵　生計一親族の事業用宅地等

①　生計一親族が事業の用に供されていた宅地等を相続等により取得し、特例が適用できるのはその生計一親族です。

取得者	要件	内容
生計一親族	事業継続要件	相続開始前から申告期限まで引き続きその生計一親族の事業の用に供していること
	保有継続要件	相続開始時から申告期限まで、引き続きその宅地等を保有していること

生計一親族の事業の用に供している場合も適用できるのは、一般的に生計一親族の事業は、生前に被相続人の事業を引き継いでいることが多いこと、被相続人の土地の上で生計一親族が事業を営んでいることは被相続人の生計を維持の基盤であることと推測されることから、事業承継が行われた時期にかかわらず事業用財産に対する税負担を緩和する措置であることによります。特例の適用を相続により取得した被相続人の事業用宅地等に限ると、生前に事業承継を済ませた場合と不公平な取扱いになります。

そのため生計一親族の事業は「相続開始の直前」の事業であることです。しかも「申告期限まで、その宅地等を保有していること」ではなく「相続開始時から申告期限まで、引き続きその宅地等を保有していること」が要件です。相続開始直前の事業を、申告期限までそのまま継続しなければなりません。このことは、申告期限までの間に事業の継続を一時期でも中止した場合、特例が適用できないことを意味します。一般的にはあり得ないでしょうが、経営環境の急変は稀なことではないため十分に注意しなければなりません。

また、この特例は、個人の事業承継を保護する施策であることから、生前に事業承継をし、生計一親族の事業用宅地等であっても、被相続人が所有していたものについても特例の適用が認められます。被相続人と生計一親族の事業の用に供されていた宅地等は、生計を別にしていると当然適用できません。

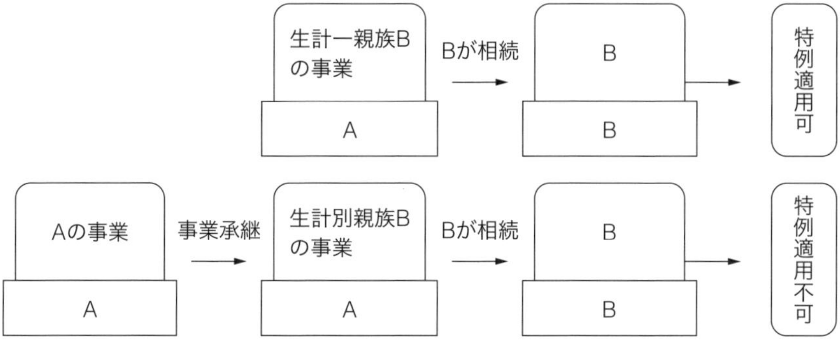

② 生計一親族が相続税の申告期限までに死亡した場合

生計一親族が相続税の申告期限までに死亡した場合、事業承継期限及び保有継続期限は、その死亡の日のことをいいます（措法69の4③一ロかっこ書き）。生計一親族が取得し、死亡した場合は⑴②の場合と取扱いが異なりますので注意してください。生計一親族の事業の用に供している宅地等は、その生計一親族が取得し、そのまま事業を継続していますので、第2次相続があった時点で適用要件を打ち止めにしたものでしょう。

8 特例対象面積及び加算割合

事業用宅地等は400 m^2を限度としてその宅地等の価額の20％を相続税の課税価格に算入します。つまりその宅地等の価額の80％を減額します（措法69の4②一）。なお、特定同族会社事業用宅地等もある場合の取扱いは本章

Section 8（限度面積要件）の通りです。

限度面積	減額割合	加算額割合
400 m^2	80 %	20 %

9 使用人の寄宿舎等の敷地

被相続人等の営む事業に従事する使用人の寄宿舎等の敷地の用に供されていた宅地等は、被相続人等の事業に係る事業用宅地等に当たります（措通69の4-6)。通常、使用人の寄宿舎等は福利厚生施設の一環であり、居住施設として維持するために、従業員等に対し一定の費用負担を求めることもあるでしょう。寄宿舎の敷地を貸家建付地と捉えると、貸付事業用宅地等となり減額割合が50 %となります。しかし、実態は事業を遂行していくうえで不可欠な施設でもあるでしょう。このような使用人の寄宿舎等の敷地は、事業用資産として特例の対象となります。ただし、被相続人等の親族のみが使用していたものを除きます。

[事例で確認]

CASE 生前の事業承継による親族への適用

Q 被相続人Aは、所有する自宅兼店舗で和菓子の製造販売業を営んでいましたが、相続開始前に生計を別にする長男Bにその事業を引き継ぎ、確定申告等はBが行っていました。相続によりその建物及び敷地をBが取得することになりましたが、小規模宅地等の特例は受けられるでしょうか。

A 事業用宅地等を取得した親族が被相続人の事業を承継した場合、又は生計を一にする親族が生前から事業の用に供している宅地をその生計一親族が取得した場合は特例の適用ができます。被相続人と生計を一にしていない親族が取得したその事業用宅地等は特例の対象になりません。

10　実務判断

被相続人と生計を一にしていた親族の事業の用に供されていた宅地等の適用は大いに活用されていい特例です。しかし、生前に相続対策等で事業を引き継いだ後に生計を別にしていると適用できません。生前の事業承継の思わぬ落とし穴となります。

特例の適用を受けるためには事業を法人化して、特定同族会社事業用宅地等の適用ができるなどの工夫をします。事業用宅地等の減額特例は、相続税の負担の大きな緩和となります。生前の対策次第で税負担が大きく異なります。

Section 3

事業主の判断

1 事業主

(1) 事業承継した場合の原則

特例対象宅地等を取得した親族が事業主として、その事業を承継することによって特例の要件を満たします。会社等に勤務するなど他に職を有し、又は他に主たる事業を有している場合であっても、その事業の事業主となっている限り特例が適用できます。

所得税法では生計を一にしている親族間における事業（農業を除きます。）の事業主が誰であるかの判定をする場合、その事業の経営方針の決定につき支配的影響力を有すると認められる者がその事業の事業主に該当するものと推定する取扱いとなっています（所基通 12-5）。支配的影響力を有すると認められる者が明らかでないときには、次に掲げる者が事業主と推定します。その他の場合は生計を主宰している者が事業主と推定します。

区分	推定される事業主
①　生計を主宰している者が一の店舗における事業を経営し、他の親族が他の店舗における事業に従事している場合又は生計を主宰している者が会社、官公庁等に勤務し、他の親族が事業に従事している場合、他の親族がその事業の用に供されている資産の所有者又は賃借権者であり、かつ、従事する事業の取引名義者（その事業が免許可事業である場合、取引名義者であるとともに免許可の名義者）である場合	・他の親族が従事している事業の事業主は、他の親族
②　生計を主宰している者以外の親族が医師、歯科医師、薬剤師、弁護士、税理士、公認会計士、あん摩マッサージ指圧師等の施術者、映画演劇の俳優その他の自由職業者として、生計を主宰している者とともに事業に従事している場合、その親族に係る収支と生計を主宰している者に係る収支とが区分されており、かつ、その親族の従事している状態が、生計を主宰している者に従属して従事していると認められない場合	・事業のうち親族の収支に係る部分の事業主は、その親族
③　①又は②に該当する場合のほか、生計を主宰している者が遠隔地に勤務し、その者の親族が国もとにおいて事業に従事している場合のように、生計を主宰している者と事業に従事している者とが日常の起居を共にしていない場合	・その親族が従事している事業の事業主は、その親族

2　宅地等を取得した親族が事業主となっていない場合

(1)　事業主となれないやむを得ない事情がある場合

被相続人の親族（この項において「その親族」といいます。）が、被相続人の事業を承継しその事業を営んでいることが特例の要件の一つですが（措法69の4③一イ）、事業を営んでいるかどうかは、事業主としてその事業を行っているかどうかにより判定します。しかし、その親族が就学中であること、その他当面事業主となれないことについてやむを得ない事情があるため、その親族の親族（この項において「仮事業主親族」といいます。）が事業主となるが一時的なものであり、将来その事業を経営することが予定されることがあります。このような場合、一概に事業の用に供していないとはいえないこと、この特例は事業の継続を本旨としていること、やむを得ない事情がある場合に特例の適用が認められないとすると相続人等に酷なことにもなること等から、仮事業主親族が事業主となっている場合、その親族がその事業を営んでいるものとして取り扱われます（措通69の4-20）。なお、生計一親族が取得した場合、生計一親族がもとより事業を継続している宅地等に特例が適用されることから、生計一親族が事業主になっていないということはあり得ないとの取扱いですので注意します（措法69の4③一ロ）。

⑵ 他に職業がある場合の事業主

特定事業用宅地等として特例を適用するにあたって、宅地等を取得した者が会社員等である等のように、他に職業がある場合であってもその事業の事業主となっている限り特定事業用宅地等として取り扱われます。その者が別に事業を行っていたとしても同様です（措通69の4-20注）。

⑶ 資格はないが事業主として事業継続する場合

事業を継続することができたとしても、必ずしも被相続人の事業をそのまま引き継げるわけではない場合があります。

［事例で確認］

CASE 1 海外赴任中の事業の引継ぎの場合

Q 事業用宅地等を取得した相続人が海外に単身赴任中で、事業を配偶者が事業主となって引き継ぎました。国内勤務となった場合、事業の経営の決定権は相続人となる予定です。この場合、事業用資産の特例が適用できますか。

A 事業用資産を相続した者が海外に単身赴任中であるが、その者が帰国後国内勤務となり事業主として事業を継続する予定であるような場合、配偶者の経営は一時的なものと考えられますので、まさしくやむを得ない事情によるものとして特例の適用ができます。

CASE 2　事業のための資格がない場合

Q　薬局を営んでいた薬剤師の父が死亡したが、子は薬剤師の資格がありません。廃業するにはあまりにも惜しいです。子が事業主として薬局を経営すれば、特例の適用ができるでしょうか。

A　小規模宅地特例は事業の継続を目的とする制度であり、その事業に対する資格要件はありません。子が事業主として経営を維持すれば特例が適用できるでしょう。

Section 4

申告期限まで事業の転廃業等があった場合

1 申告期限まで事業の転廃業等があった場合

特例の適用は申告期限まで被相続人の事業を引き継ぎ、継続していることが大前提です。措置法第69条の4第3項第1号に「被相続人の事業の用に供されていた宅地等」と明確に規定してます。あくまでも相続開始直前に経営していた被相続人の事業を承継することが大前提です。事業を継続していない場合、そもそも保護するに値しません。申告期限までに被相続人の事業（以下「転業元事業」といいます。）を別形態の事業（以下「転業事業」といいます。）に転換した場合、事業の継続性の観点から特例の適用は認められません。

2 申告期限までに事業全部の転業があった場合

転業は全く認められないかというと、微妙な判断となります。事業を承継した親族の事業意欲や知見を駆使して更に事業を発展させようということがあります。あくまでも被相続人の事業の継続の観点から判断します。転業元事業と転業事業が、同一性、継続性を保持しているか否かによります。事業の同一性の明確な判断基準は示されていませんが、一般的には日本標準産業分類を参考に区分するのが合理的とされています。

［事例で確認］

CASE 申告期限まで父の小売業を転業した場合

Q1 次のような事業の転換は、特例の対象となりますか。

酒屋であった父Aの建物及びその敷地を相続した子Bが酒屋を廃業し、売上げを向上させるため、申告期限内に酒も販売するコンビニに転業しました。

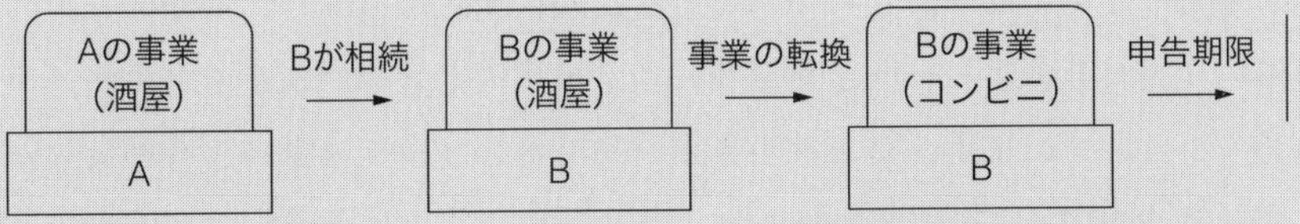

A 酒の販売事業を引き継いでいることから、特例が認められます。

Q 2 小売業であった父Aの建物及びその敷地を相続した子Bが小売業を廃業し、売上げを向上させるため、申告期限内に居酒屋に転業しました。

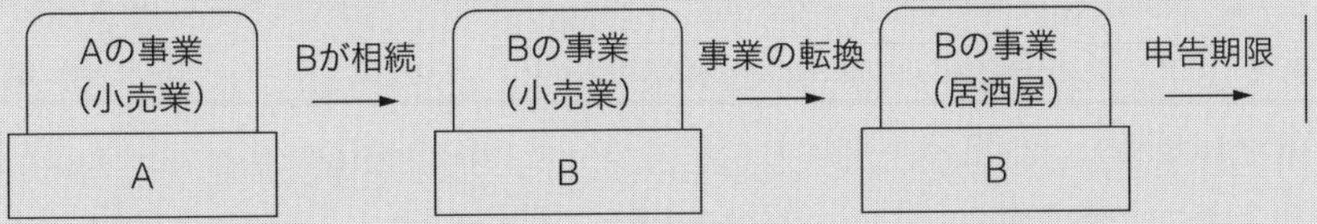

A 小売業から居酒屋への転身は、事業形態が異なることから被相続人の事業を引き継いでいるとはみなされません。特例の適用は受けられません。

Q 3 歯科医だった父Aの病院を内科医の子Bが取得し、申告期限前に内科病院として開業しました。

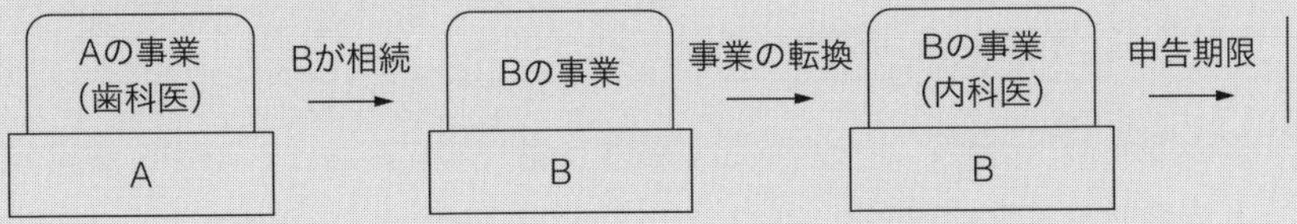

A 歯科医から内科医への転換の場合は、被相続人の事業を継続したとは言えないでしょう。医業の分類が異なることと、そもそも医業として適用される法律（歯科医師法及び医師法）が異なります。

3　申告期限までに事業の一部の転業があった場合

申告期限までに、親族が宅地等の上で営まれていた被相続人の事業の一部を他の事業に転業しているときであっても、被相続人の事業を営んでいるものとして取り扱われます。転業した事業は特定事業用宅地等の判定基準に該当する事業のことをいいます。つまり不動産貸付業その他政令で定めるものは除かれます（措法69の4③、措通69の4-16）。

被相続人の事業の継続を目的として構築されている取扱いであることから、政令で定める事業とは、駐車場業、自転車駐車場業及び準事業のことをいいます（措令40の2⑦）。事業の継続は原則ですが、必ずしも被相続人の事業形態をそのまま受け継いで一歩たりともずれることができないということではありません。相続人の経営の経験や感覚を駆使して事業を発展させることも大いにあり得ます。その場合の留意的な取り扱いです。申告期限までに事業の一部の転業をした場合、事業用宅地等の全部について特例が適用できないとすると納税者に対して酷であることからの措置です。

① 被相続人が営んでいた飲食店の一部を改装して小売業とするような場合があります。このようなケースは特例の適用が認められます。

② 1、2階で飲食店を営んでいたが、2階部分を改装して貸家とするような場合、その部分については適用できません。

4　申告期限までに廃業した場合

特例の要件の一つは、事業を申告期限まで継続していることです。遺産分割により事業及び事業用資産を取得したとしても、申告期限前に廃業している場合、特例の適用はできません。

5　申告期限までに複数の事業の一部を廃業した場合

特定事業用宅地等が被相続人の営む2以上の事業の用に供されており、宅地等を取得した親族が申告期限までにそれらの事業の一部を廃止することが想定されます。この場合、廃止した事業以外の事業の用に供されていた宅地等については、要件を満たす限り、特定事業用宅地等に該当します（措通69の4-18）。小売業とランドリーを経営していた被相続人から子が引き継いだが、小売業を廃止するような場合、継続している事業部分だけが特例の対象となります。

廃止された事業に係る宅地等は特例が適用できないことは言うまでもありません。事業継続のためにやむを得ず一部の廃止かもしれませんが、特例が適用できなくなることの有利不利を十分に検討します。

6　生計一親族の事業が転業された場合

生計一親族が事業の用に供していた宅地等についても特例の適用が認められます。生計一親族の事業の用に供している宅地等とは、相続開始前から申告期限まで引き続き生計一親族の「自己の事業の用」に供しているものをいいます（措法69の4③1ロ）。そのため、相続開始時にA事業であったが、相続開始後その宅地等を取得してB事業に転業することが想定されますが、相続開始前から申告期限まで同一の事業の用に供することが要件となっていないことから、A事業及びB事業ともその生計一親族の事業であれば特例が適用できます。

［事例で確認］

CASE　生計一親族が申告期限まで事業を転業した場合

Q｜　生計一親族Bの経営する酒屋を土地及び建物の所有者であるAの死亡後、建物及びその敷地を相続したBが酒屋を廃業し、申告期限内に小売業に転業しました。

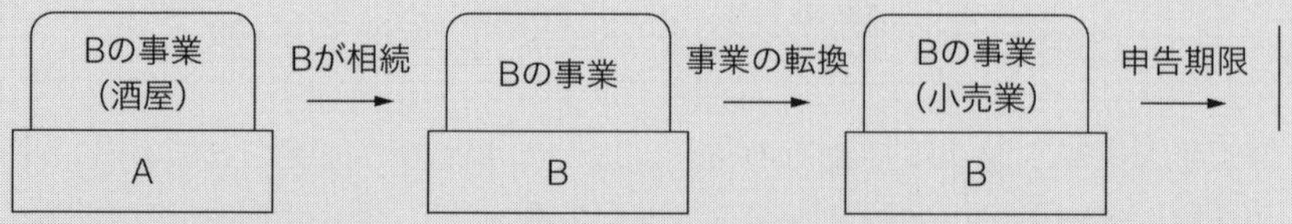

A│ 被相続人の所有する宅地で相続開始前から飲食業を行っていた生計一親族が相続によりその宅地を取得し、申告期限前に飲食業から小売業に業態転換した。この場合でも、生計一親族で自己の事業であれば特例の適用ができます。

7　災害のため事業が休止された場合

⑴　災害とは

災害のため事業が休止された場合の判断は措置法通達69の4-17に示されています。同通達では、災害とは具体的にどのようなものかは規定していません。国税通則法通達第11条関係1において災害とは次の事象を規定してます。実務的には国税通則法通達に準じます。

① 地震、暴風、豪雨、豪雪、津波、落雷、地滑りその他の自然現象の異変による災害

② 火災、火薬類の爆発、ガス爆発、交通途絶その他の人為による異常な災害

③ 申告等をする者の重傷病、申告等に用いる電子情報処理組織で国税庁が運用するものの期限間際の使用不能その他の自己の責めに帰さないやむを得ない事実

⑵　事業が休止された場合の取扱い

特定事業用宅地等の要件の判定において、被相続人等の事業の用に供されていた施設が災害により損害を受けたため、申告期限に事業が休業中である場合、親族（措置法第69条の4第3項第1号イの場合にあっては、その親族の相続人

を含みます。）により事業の再開のための準備が進められていると認められるときに限り、施設の敷地は、申告期限においても親族の事業の用に供されているものとして取り扱われます（措通69の4-17）。また、その親族が申告期限前に死亡していた場合でも、その親族の相続人が事業の再開のための準備をしているときは同様に取り扱われます。特定事業用宅地等の適用要件は、親族、親族が死亡している場合は死亡した親族の親族及び生計一親族が事業を申告期限まで営んでいることです。本章Section 2（特定事業用宅地等の要件）を参照してください。災害により申告期限において事業が休業中である場合、次の親族が事業の用に供されていると取り扱われます。生計一親族が死亡している場合、適用できないことに注意してください。

・親族
・親族が死亡している場合、その親族の親族
・生計一親族

⑶　災害により事業が休止となった場合の取扱いの準用

災害により事業が休止となった場合の取扱いは次の小規模宅地等についても準用されます（措通69の4-17注）。

特例区分	措置法69の4
・被相続人の居住の用に供されていた宅地等	第3項第2号イ
・被相続人と生計を一にしていた親族の居住の用に供されていた宅地等	第3項第2号ハ
・特定同族会社事業用宅地等に該当する宅地等	第3項第3号
・被相続人の貸付事業の用に供されていた宅地等	第3項第4号イ
・被相続人と生計を一にしていた親族の貸付事業の用に供されていた宅地等	第3項第4号ロ

Section 5

申告期限までに宅地等の一部の譲渡又は貸付けがあった場合

特定事業用宅地等について特例の適用を受けるための重要な要件の一つは、申告期限までその宅地等を保有していることです。事業用資産を引き継いだ場合、申告期限まで事業を継続するための資金を手当てしなければならないことが想定されます。事業を継続するにしても、被相続人が残した事業上の借入金を支払うために、特定事業用宅地等の全部又は一部を譲渡して資金を捻出する、又は貸し付けて安定した収入を確保するような場合です。特定事業用宅地等の全部を譲渡した場合は論外ですが、一部を譲渡し、特定事業用宅地等の全部の適用ができなくなると、事業の継続ができなくなることも考えられます。そこで、特定事業用宅地等の一部が譲渡又は貸付け（以下「譲渡等」といいます。）された場合、次の取扱いをすることとなっています。なお、この取扱いは、特定同族会社事業用宅地等においても準用されます。

特定事業用宅地等の一部が申告期限までに譲渡等され、事業の用に供されなくなったときであっても、譲渡等された宅地等の部分以外の宅地等の部分については、親族についての要件を満たす限り、特定事業用宅地等に当たるものとして取り扱います（措通69の4-18）。

親族又は生計一親族が申告期限までに死亡した場合は、次のように取り扱われます。生計一親族が死亡した場合、その生計一親族の相続人は、特例の適用ができないことに留意してください（措通69の4-18カッコ書き）。

取得者	取得者が申告期限までに死亡した場合
親族	その親族の相続人は、特例の適用ができる
生計一親族	その生計一親族の相続人は、特例の適用ができない。

Section 6

申告期限までに事業用建物等を建て替えた場合

1 事業用建物等の建替え

事業用建物等及びその敷地を相続により取得し、その敷地を特定事業用宅地等として特例の適用を受けるつもりであっても、建物の老朽化が激しいことや事業承継者が、更なる発展のために建物を建て替えることが想定されます。相続した事業用建物等を申告期限において建替え中であった場合、事業の用に供しているとはいえなくなってしまいます。事業用資産のあり方、建物の老朽化や活用効率などは、事業継続の重要な要素です。建替え等は当然に想定されることです。被相続人が事業用建物を建替え中に亡くなった場合、一定の要件の下、事業用資産として取り扱われます（措通69の4-5）。本章Section 9を参照してください。この取扱いと平仄を合わせるべく、申告期限までに事業用建物等を建て替えたとしても、特例の適用ができる場合があります。

2 事業用建物等を建て替えた場合の取扱い

(1) 事業用建物等を建て替えた場合

特定事業用宅地等を取得した親族の事業の用に供されている建物等が申告期限までに建替え工事に着手された場合、宅地等のうちその親族により事業の用に供されると認められる部分は、申告期限においてもその親族の事業の用に供されているものとして取り扱います（措通69の4-19）。生計一親族の事業用建物等でも同様です。

取得した親族又は生計一親族が申告期限までに死亡した場合は、次のように取り扱われます（措通69の4-19カッコ書き）。

取得者	取得者が申告期限までに死亡した場合
親族	その親族の相続人は、特例の適用ができる。
生計一親族	その生計一親族の相続人は、特例の適用ができない。

(2) 申告期限において建物が完成していない場合

建物等を建て替えることは、相応の日数を要します。相続開始後、相応の期間を経た後に建て替えを開始しても申告期限までに完成していないことが想定されます。この場合であっても「申告期限までに建替え工事に着手された場合」であれば特例の適用ができます。当然、建築完了後は速やかに事業の用に供する必要があります。

(3) 他の小規模宅地等への適用

上記の取扱いは特定事業用宅地等に適用されますが、特定居住用宅地等、特定同族会社事業用宅地等及び貸付事業用宅地等についても適用されます（措通69の4-19注）。

3 相続開始時と完成建物の利用区分が異なる場合

被相続人が「不動産貸付業等以外の事業の用に供していた部分」と「不動産貸付業等の用に供していた部分」がある建物を相続により取得した相続人等が取り壊し、新しい建物とした場合、全く同じ利用区分とならないことが想定されます。この場合の事業用として使用していた部分を相続直後又は建築完成後のどちらで捉えるかの判断基準は公表されていないようです。この場合の考え方が「相続税・贈与税関係租税特別措置法通達逐条解説（令和4年4月版　大蔵財務協会）」の措置法通達69の4-19の解説にあります。建替え前と後の区分が異なる場合の考え方は次の通りです。この取扱いは、相続後に建て替えることにより、貸付事業用宅地等以外の部分を広くとることによる特例の適用拡大を制限するためでしょう。

【建替え前の「不動産貸付業等以外の事業の用に供されていた宅地等の部分」が、建替え後における建物の状況】

建替え後の状況	判定
建替え後が小さい場合	建替え後の部分による
建替え後が大きい場合	建替え前の部分による

［事例で確認］

CASE 建替え前と後の利用面積が異なる場合

Q 被相続人Aは、相続開始の時に1階2階を店舗として利用し、3階部分を貸し付けていました。この建物及び土地を取得した相続人は、建物等を取り壊し、新しい建物等の1階部分を店舗、2、3階部分を貸付としました。このような場合、特定事業用宅地等として適用を受けられるのは、建替え前の利用面積に応じた部分でしょうか。なお、建物は、各フロア同面積です。

A 1階部分に応じた部分が特定事業用宅地等として、特例を受けられます。筆者の手元にある1997年（平成9年）7月の審理研修教材（東京国税局資産課税課）に次の事例があります。

① 建替え後の貸付事業宅地等以外の部分が小さい場合

建替え後の店舗部分に対応する敷地の3分の1が特定事業用宅地等として80％の減額対象となります。

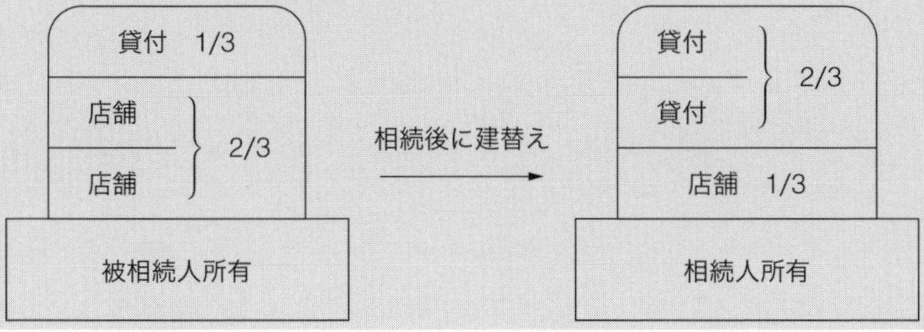

② 建替え後の貸付事業宅地等以外の部分が大きい場合

相続開始直前の店舗部分に対応する敷地の3分の1が、特定事業用宅地等として80％の減額対象となります。

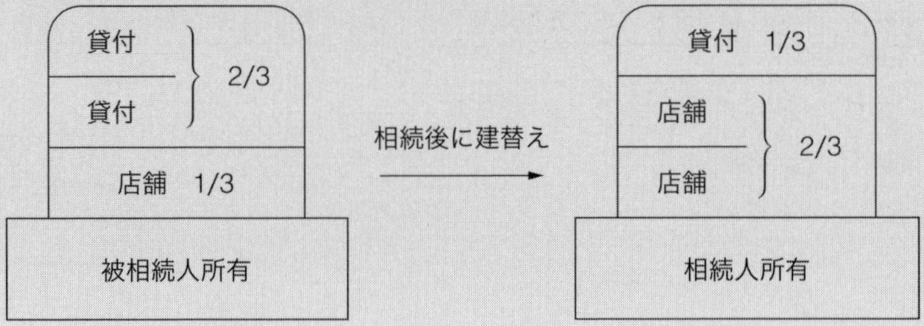

Section 7

相続開始前３年以内に新たに事業の用に供された宅地等

1　事業用宅地等についての旧取扱いの弊害

(1)　事業用宅地等についての従前の取扱い

貸付事業を除く事業用宅地等の価額は 80 ％の減額が適用できます。小規模宅地等の特例は財産価額が大幅に減額されますが、その宅地等を取得した相続人のみならず他の相続人の節税効果が大きくなります。旧取扱いでは、事業用宅地等の取得時期や相続等による取得後の事業継続について規定がありませんでした。そのため相続開始直前に借入金により事業用宅地等を取得することで、特例による減額及び債務控除の適用により課税価格の圧縮を図ることができ、このスキームによる相続税対策が喧伝されていました。会計検査院の決算検査報告（平成 29 年 11 月）においても、特例を適用した宅地を相続後 3 年以内に譲渡した事案が多くあり、事業又は居住の継続への配慮という特例の政策目的に沿ったものになっていないという指摘がありました。

小規模宅地等の特例は減税効果が大きい特例であり、適用要件が厳しい割には節税対策としての抜け道もありました。アドバイス次第で税負担に差が出る状況でした。

(2)　特定事業用宅地等の特例要件の改正

平成30年度の税制改正において、貸付事業用宅地等の範囲から、相続開始前 3 年以内に貸付事業の用に供された宅地等が除外されました。なお、この時の改正は貸付事業用宅地等のみでした。

貸付事業用宅地等の特例の改正に平仄を合わせるべく、平成31年度の税制改正において、事業用宅地等についても「相続開始前3年以内に新たに事業の用に供された宅地等を除く」（措法69の4③一）として、相続開始前3年以内に新たに事業の用に供された宅地等特定事業用宅地等から除外されることとなりました。ただし、「政令で定める規模以上の事業を行っていた被相続人等の当該事業の用に供されたものを除く」（措法69の4③一かっこ書き）として、少々ややこしいですが、一定規模以上のものは相続開始前3年以内に新たに事業の用に供された宅地等であっても特例が適用できる場合があります。要は、「新たに事業の用に供された」ものかどうかがポイントになります。

なお、特定同族会社事業用宅地等には、相続開始前3年以内に新たに事業の用に供した場合の適用除外規定はありません。特例ごとの適用は次の通りです。

特例区分	相続開始前３年以内に取得した財産に対する特例の適用制限
特定事業用宅地等	有
特定居住用宅地等	無
特定同族会社事業用宅地等	無
貸付事業用宅地等	有

2 相続開始前３年以内に新たに事業の用に供された宅地等の特例の不適用

(1) 不適用に該当する場合

相続開始前3年以内に新たに事業の用に供された宅地等は次の通りです。

① 事業の用に供されたのが相続開始前3年以内であること

相続開始の日から溯って3年以内のことをいいます。

② 新たに事業の用に共された宅地等であること

ただし、本章Section 8で解説しますが、政令で定める一定規模以上の事業は除かれます。

③　貸付事業を除くこと

(2)　経過措置における適用除外

2019年（平成31年）4月1日以後に相続等により取得する財産であっても、同日以前から事業の用に供されている宅地等については該当しません。経過措置でしたが、2022年3月31日以後はすべての特定事業用宅地が対象となります。

(3)　適用時期

2019年（平成31年）4月1日以後に相続等により取得する財産について適用されています。

3　新たに事業の用に供された宅地等の判定

(1)　新たに事業の用に供された場合

「新たに事業の用に供された宅地等」の判定は措置法通達69の4-20の2において、次の区分が示されています。

①　事業の用以外の用に供されていた宅地等が、事業の用に供された場合のその宅地等

この場合の事業とは、貸付事業を除きます。貸付事業とは、措置法第69条の4第3項第4号に規定する貸付事業をいいます。

事業の用に供している者は被相続人のみならず生計一親族も該当します。

②　宅地等若しくはその上にある建物等が「何らの利用がされていない場合」の宅地等が事業の用に供された場合の宅地等

(2)　新たに事業の用に供された場合の例

例えば、次のようなケースで事業の用に供された部分については、「新たに

事業の用に供された宅地等」に該当し、特例の適用ができません。

なお、もとより事業の用に供されていた宅地等を他の事業の用に供された場合、その部分は事業の用と認められます。

① 居住用として利用していた宅地を、相続開始前３年以内に事業の用に供した

宅地の利用状況が変更されていることから、新たに事業の用に供した宅地等に該当します。

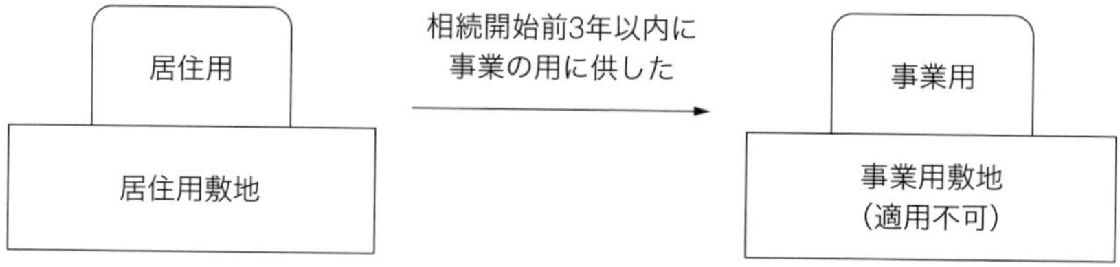

② ２階建ての自宅の１階部分を改装して、相続開始前３年以内に店舗とした

自宅の一部を事業の用に転用していることから、明らかに新たに事業の用に供されたことになります。

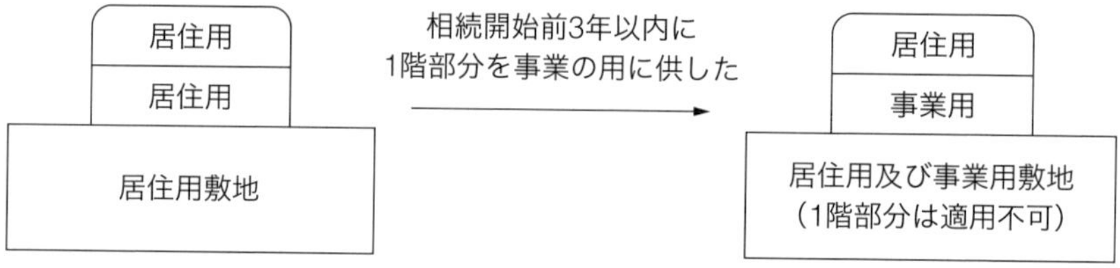

③ 賃貸していた住宅を改装して、事業用の作業場とした

賃貸物件と事業用物件では利用状況が異なり、新たに事業の用に供したと判断します。

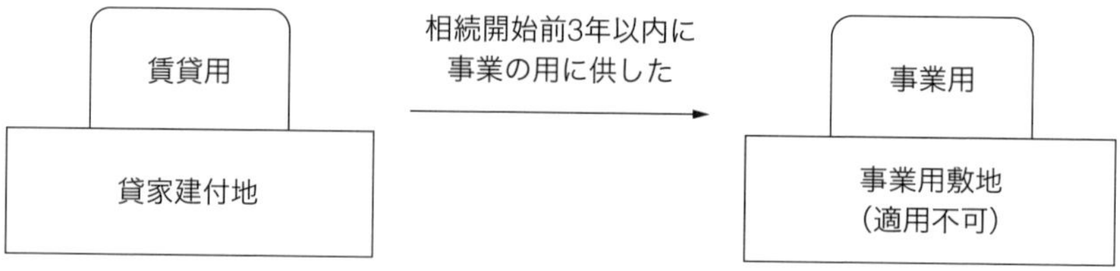

④　何も利用していなかった土地を整地し、相続開始前３年以内に事業用の作業場とした

未利用地を活用するため、建物等を建築して事業の用に供する場合、新たに事業の用に供したと判断します。放置していた土地を、特例を適用するため、慌てて事業の用に供することが想定されます。このような活用は事業継続の本来の姿ではないことから、適用を封じたものでしょう。

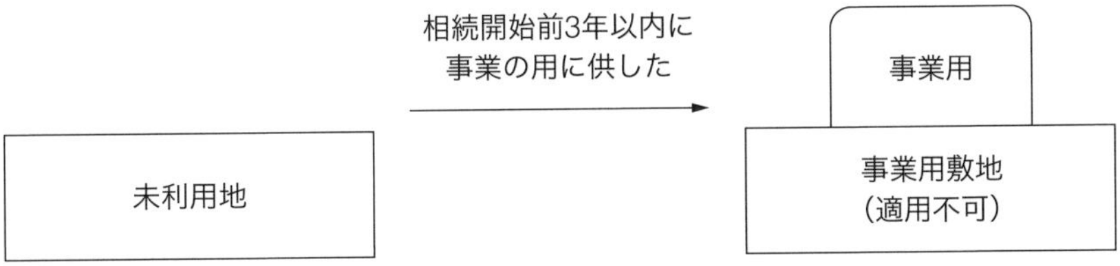

⑤　他人が事業の用に供していた宅地建物を、相続開始前３年以内に取得して、被相続人の事業の用に供した

他人の事業用であっても被相続人の事業を継続しているわけではないことから、新たに事業の用に供した宅地等に該当します。

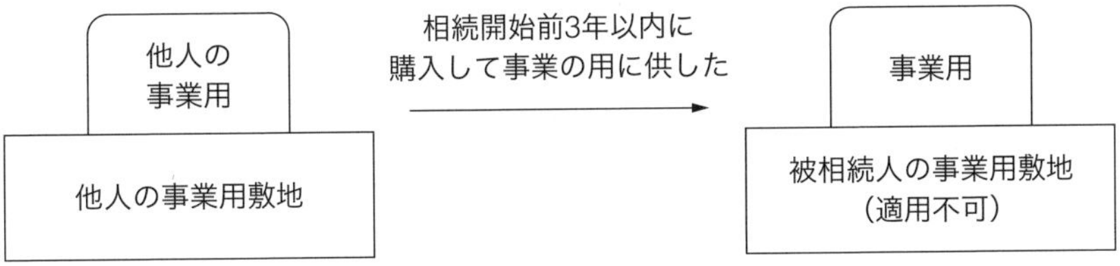

⑥　他人が事業の用に供していた宅地建物を、相続開始前３年以内に取得して、生計一親族の事業の用に供した

他人の事業用であっても被相続人の事業を継続しているわけではないことから、新たに事業の用に供した宅地等に該当します。

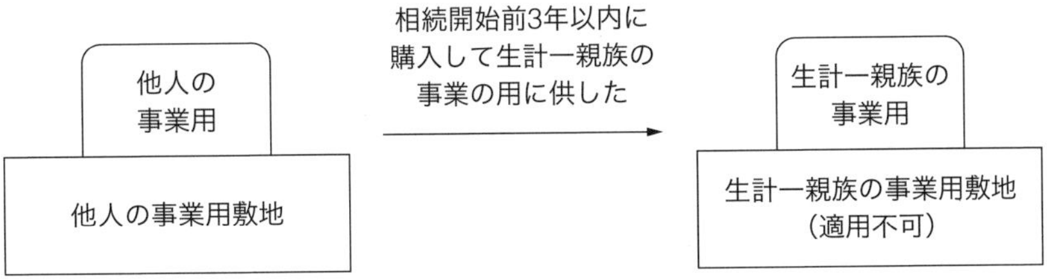

⑦　生計一親族の事業の用に供していた建物を、相続開始前３年以内に取得して、生計一親族の事業の用に供した

生計一親族の事業用であっても被相続人の事業を継続しているわけではないことから、新たに事業の用に供した宅地等に該当します。

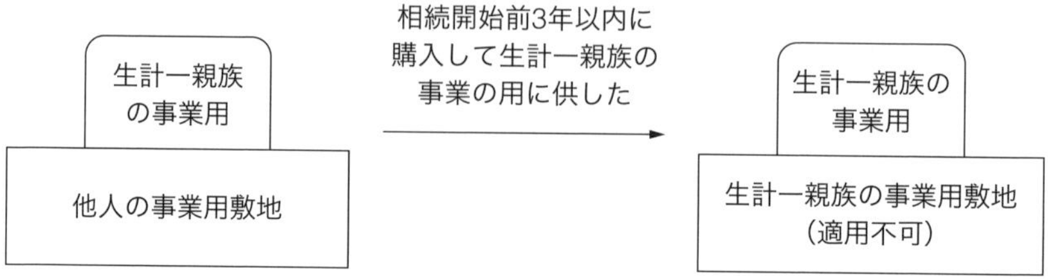

Section 8

相続開始前3年以内に新たに事業の用に供された宅地等の除外

1　相続開始前3年以内であっても除かれる事業

相続開始前3年以内に取得した事業用宅地等であっても、一定の事業は除かれます。これらの取扱いは、相続開始前3年以内に新たに事業の用に供した事業を全て適用できないとすると、課税上弊害があること又は一定の事業に対する投資が減税目的ではないと推測されること等から除外されたものです。次のケースがあります。

① 建物等の価額の割合が高い場合

② 第2次相続が開始した場合

③ 一時的に事業の用に供されていなかった場合

2　建物等の価額の割合が高い場合

(1)　建物等の価額の割合

相続開始前3年以内に取得した事業用宅地等であっても、新たに事業の用に供された宅地等の相続の開始の時における価額に対するその事業の用に供されていた減価償却資産のうち、相続の開始の時における価額の合計額の割合が100分の15以上である場合の事業は除かれます（措法69の4③一、措令40の2⑧）。

事業用資産の相続開始前3年以内の縛りは、比較的緩く規定されています。

建物の価額が土地の時価の15％以上あれば適用できます。土地等の価額が4,000万円の場合、建物の価額が600万円を超えていればいいことになります。平成31年度税制改正の解説（財務省）において「小規模宅地特例の平均的な減税効果（宅地価額の概ね15％程度と推計）を上回る程度の投資を行った事業者については特例が認められるよう配慮したものです。」と説明されています。

15％以上の規模の事業は、次の算式を満たす事業（以下「特定事業」といいます。）のことをいいます（措通69の4-20の3）。

$$\frac{\text{事業の用に供されていた減価償却資産のうち被相続人等が有していたものの相続開始の時における価額の合計額}}{\text{新たに事業の用に供された宅地等(特定宅地等)の相続開始の時における価額}} \geqq \frac{15}{100}$$

⑵ 特定宅地等ごとの判定

相続開始前3年以内に複数の宅地を取得し、事業の用に供した場合の特定事業に該当するか否か判定は、新たに事業の用に供された宅地等（以下「特定宅地等」といいます。）ごとに行います。

相続開始前3年以内に取得した特定宅地等A及びBがある場合の判定は、A及びBごとに行います。

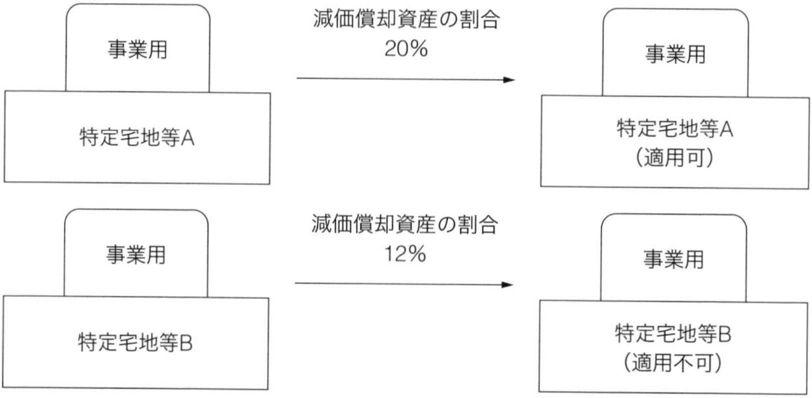

⑶　「減価償却資産」

「減価償却資産」とは、被相続人等の事業の用に供されていた次に掲げる資産をいいます。その資産のうちに事業の用以外の用に供されていた部分がある場合、事業の用に供されていた部分に限ります（措令40の2⑧二）。

①　特定宅地等の上に存する建物（附属設備を含みます。）又は構築物

②　所得税法第2条第1項第19号（(定義)）に規定する減価償却資産で、特定宅地等の上で行われる事業に係る業務の用に供されていたもの（①に該当するものを除きます。）

②に掲げる資産が、共通してその業務及び業務以外の業務の用に供されていた場合であっても、資産の全部が上記②に掲げる資産に該当します（措通69の4-20の3注1）。

なお、事業が特定宅地等を含む一の宅地等の上で行われていた場合、特定宅地等を含む一の宅地等の上に存する建物（附属設備を含みます。）又は構築物のうち事業の用に供されていた部分並びに上記②の減価償却資産のうち特定宅地等を含む一の宅地等の上で行われる事業の用に供されていた部分（その建物及び構築物を除きます。）は、上記①又は②に掲げる資産にそれぞれ含まれます。これは、特定宅地上で行われている事業の用に供する減価償却資産はその事業の用に供するだけではなく、他の事業の用に供される場合であってもその部分を含めて判定します（措通69の4-20の3注1）。

⑷　「事業の用に供されていた減価償却資産」

「事業の用に供されていた減価償却資産」に該当するか否かの判定は、特定宅地等を新たに事業の用に供した時ではなく、相続開始の直前における現況によって行います。例えば、特定宅地等を新たに事業の用に供した後に被相続人等が取得した上記⑶②に掲げる資産も上記算式の分子に含まれますが、相続開始の直前に廃棄等により事業の用に供されていなかった場合は、分子における減価償却資産から除外されます。

⑸ 「被相続人等が有していたもの」

「被相続人等が有していたもの」は、事業を行っていた被相続人又は事業を行っていた生計一親族が、自己の事業の用に供し、所有していた減価償却資産のことをいいます。「自己の事業の用に供し」というのは、被相続人又は生計一親族が自己の事業の用に供していたものでなければなりません。被相続人が所有し、生計一親族の事業の用に供していたものは該当しないことに注意します（措通69の4-20の3注2）。

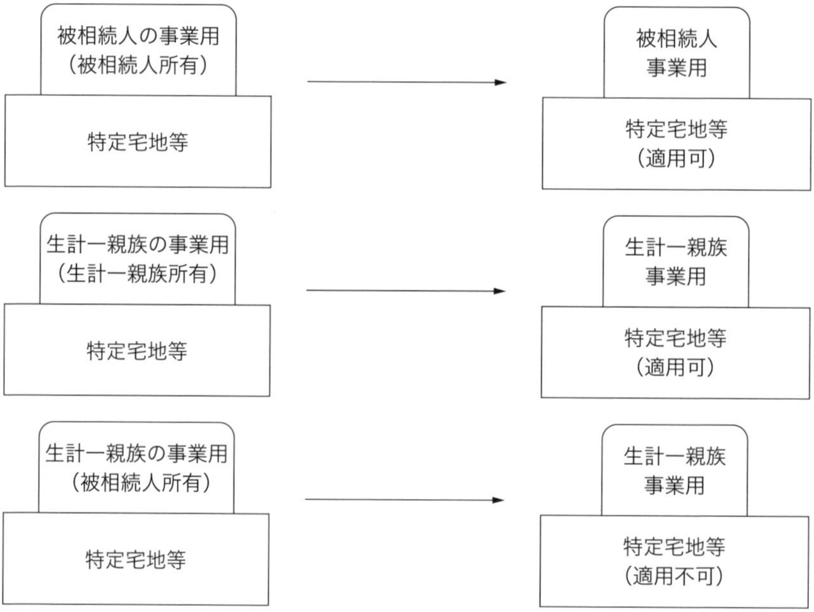

⑹ 「特定宅地等」が共有である場合

「特定宅地等」は、相続開始の直前において被相続人が所有していた宅地等をいいます。宅地等が共有であった場合、被相続人の有していた持分の割合に応ずる部分が特例の対象となります。

［事例で確認］

CASE 1 相続開始前３年以内に土地建物を購入した場合

Q 被相続人は、相続開始２年前に中古の建物及びその敷地を購入して事業の用に供していました。建物の価額は3,000,000円で敷地の価額は25,000,000円です。この場合の宅地（特定宅地等）は特定事業用宅地等に該当するでしょうか。

A 減価償却資産である建物の価額の割合が土地の価額に対して12％であり、15％を下回っています。事業規模の要件を満たさないため、この宅地は特定事業用宅地等に該当しません。なお、他に減価償却資産がある場合、その価額を加算して計算します。

特定事業規模の判定は次の通りです。

$$\frac{3,000,000}{25,000,000}=0.12<0.15$$

CASE 2 相続開始前３年以内に新たに事業を開始した場合

Q Aは退職金で自宅を新築するにあたって、将来のことを考えて２階を自宅、１階を雑貨小売店舗としました。その２年後にAが亡くなり、土地建物全体を配偶者Bが相続しました。事業用資産については相続開始前３年以内に事業の用に供していますが、その判定はどのようにするのでしょうか。

土地建物の概要は次の通りです。

家屋	床面積	２階	150 m^2（居住用）
		１階	150 m^2（事業用）
	相続税評価額		5,000,000円
宅地	面積		500 m^2
	相続税評価額		15,000,000円
事業用減価償却資産	相続税評価額		800,000円

A 次の計算により、特定宅地等の価額に占める減価償却資産の価額の合計額の割合が 15 %を超えていますので、雑貨小売り事業の用に供されている宅地等は特定事業用宅地等に該当します。

① Bが取得した財産の価額は次の通りです。

特定居住用宅地等	$250\,\mathrm{m}^2\left(500\,\mathrm{m}^2\,\text{（宅地の面積）}\times\dfrac{150\,\mathrm{m}^2\,\text{（2階の床面積）}}{300\,\mathrm{m}^2\,\text{（総床面積）}}\right)$
特定事業用宅地等	$250\,\mathrm{m}^2\left(500\,\mathrm{m}^2\,\text{（宅地の面積）}\times\dfrac{150\,\mathrm{m}^2\,\text{（1階の床面積）}}{300\,\mathrm{m}^2\,\text{（総床面積）}}\right)$

② 相続開始時に事業の用に供していた減価償却資産の価額

$$5{,}000{,}000\,\text{円}\times\frac{150\,\mathrm{m}^2}{300\,\mathrm{m}^2}+800{,}000\,\text{円}=3{,}300{,}000\,\text{円}$$

③ 新たに事業の用に供された宅地等の面積

$$500\,\mathrm{m}^2\,\text{（宅地の面積）}\times\frac{150\,\mathrm{m}^2\,\text{（1階の床面積）}}{300\,\mathrm{m}^2\,\text{（総床面積）}}=250\,\mathrm{m}^2$$

④ 新たに事業の用に供された宅地等の価額（特定宅地等の価額）

$$15{,}000{,}000\times\frac{150\,\mathrm{m}^2\,\text{（1階の床面積）}}{300\,\mathrm{m}^2\,\text{（総床面積）}}=7{,}500{,}000\,\text{円}$$

⑤ 特定事業の判定

$$\frac{3{,}300{,}000\text{円（②の金額）}}{7{,}500{,}000\text{円（④の金額）}}=0.44\geqq 0.15$$

CASE 3 相続開始前３年以内に事業用駐車場を買った場合

Q Aはドラッグストアを経営していました。駐車場が狭かったのですが、隣地が売りに出されたので買い取って駐車場としました。その２年後にAが死亡しました。この買い取った部分は特定事業用資産として小規模宅地等の特例を受けることができるでしょうか。

A 取得した土地の上に建物等の減価償却資産がありません。特例の適用はできません。

3　第２次相続が開始した場合

被相続人（第２次相続）が相続開始前３年以内に開始した相続等（第１次相続）により事業の用に供されていた宅地等を取得し、かつ、その取得の日以後その宅地等を引き続き事業の用に供していた場合における宅地等は、新たに事業の用に供された宅地等に該当せず、第１次相続から引き続き事業の用に供していたものとされます（措令40の2⑨）。第１次相続から３年を置かず第２次相続が開始した場合、この取得を３年以内に新たに事業の用に供したと取り扱うには無理があることから、継続適用とするものです。

［事例で確認］

CASE　第１次相続により取得した事業用資産を、２年以内に第２次相続により取得した場合

Q｜　B（第２次相続の被相続人）はX5年に相続開始しました。相続財産の中に事業用に該当する甲宅地があり、甲宅地はX3年にA（第１次相続の被相続人）から相続により取得したものです。Bが甲宅地を取得してから３年未満ですが、特定事業用宅地等の適用ができるでしょうか。

A｜　Bが取得して３年以内だとしても、Aが所有していた期間を通算して計算するので、３年を超えます。特例の適用ができます。

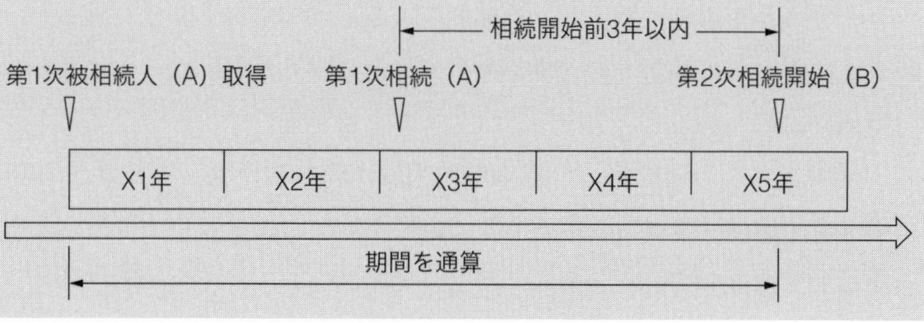

4　相続開始前３年を超えて事業の用に供されていた宅地等の取扱い

相続開始前3年を超えて引き続き被相続人等の事業の用に供されていた宅地等については、上記1（相続開始前3年以内であっても除かれる事業）で解説した規模以上の事業を行っていた被相続人等の事業以外の事業に係るものであっても、特定事業用宅地等の要件を満たす被相続人の親族が取得した場合には、特定事業用宅地等に該当します（措通69の4–20の4)）。

5　一時的に事業の用に供されていなかった場合

次に掲げる場合のように、事業に係る建物等が一時的に事業の用に供されていなかったと認められるときには、その建物等に係る宅地等は、「何らの利用がされていない場合」の宅地等に該当しません（措通69の4–20の2)。

⑴　継続的に事業の用に供されていた建物等の建替えが行われた場合、建替え後速やかに事業の用に供されていたとき

イ　事業の発展継続のために建物を改良・新築することはごく普通のことであり、その最中に事業経営者に相続が開始することは稀ではありません。事業の用に供されていた建物等が建替え中である場合、事業の用に供されていないことが明らかです。相続開始前3年以内に新たに事業の用に供したかどうかを厳格に解すると、納税者にとって非常に不利益な取り扱いとなることから、建替え後速やかに事業の用に供されていたときには特例の適用が認められます。

建替えのための建物等の建築中に相続が開始した場合の措置法通達69の4–5（事業用建物等の建築中等に相続が開始した場合）の取扱いと平仄を合わせたものです。

ロ　速やかに事業の用に供することが求められますので、建替え後の建物等を事業の用以外の用に供していないときに限ります。例えば、事業開始前に他人に貸し付ける等の場合は適用できません。

一般的には、事業の用に供する前に他人に貸し付けることは考えられないようですが、考えられない行動をする事例もあるので、事前のしっかりしたアドバイスが必要です。

ハ　この場合の宅地等を「新たに事業の用に供された」時とは、「建替え前」の時をいいます。

ニ　建替え後の建物等の敷地の用に供された宅地等のうちに、建替え前の建物等の敷地の用に供されていなかった宅地等が含まれるときは、その宅地等については、新たに事業の用に供された宅地等に該当します。

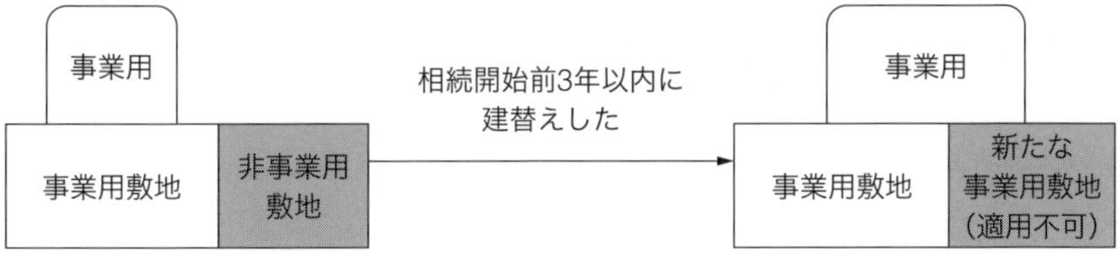

⑵　継続的に事業の用に供されていた建物等が災害により損害を受けたため、その建物等で営まれていた事業を休業したとき

イ　事業の再開のための修繕その他の準備が行われ、事業が再開されていること

ロ　休業中に建物等を事業の用以外の用に供していないときに限ります。

ハ　この場合の宅地等を「新たに事業の用に供された」時とは、「休業前の事業に係る事業の用に供された」時です。

ニ　この取扱いは、措置法通達 69 の 4-17（災害のため事業が休止された場合）の取扱いと平仄を合わせたものです。

6　実務判断

相続開始前 3 年以内の事業用資産の取得に対する特定事業用宅地等の適用は、比較的緩く規定されています。宅地だけを取得して事業の用に供する事例は少ないと考えられますので、建物等減価償却資産の価額に配意します。

Section 9

事業用建物等の建築中等に相続が開始した場合

1　事業用建物等の建築中等に相続が開始した場合

(1)　建築に至る事情

事業用建物等の建築中等とは、移転又は建替えのため事業用建物等を取り壊し、又は譲渡し、これらの建物等に代わるべき建物等（被相続人又は被相続人の親族の所有に係るものに限ります。）の建築中（以下「建築中等」といいます。）に、又は建物等の取得後被相続人等が事業の用に供する前に被相続人について相続が開始した場合のことをいいます。

事業用建物等がない状態でたまたま相続が開始した場合、営業していないことから原則として特例の適用はできません。しかし、特例の適用ができないとすると、納税者に不利益となる取扱いであり、事業の継続保全の観点からも不都合です。そのため、相続開始直前の準備行為の状況からみてその建物等を速やかにその事業の用に供することが確実であったと認められるときは、建物等の敷地の用に供されていた宅地等は、事業用宅地等に該当するものとして取り扱うこととなっています（措通 69 の 4-5）。既存の事業を継続することに対する相続税の緩和措置の一つです。

ただし建築中等であるからといってすべて認められるのではなく、事業の速やかな継続を本旨としています。

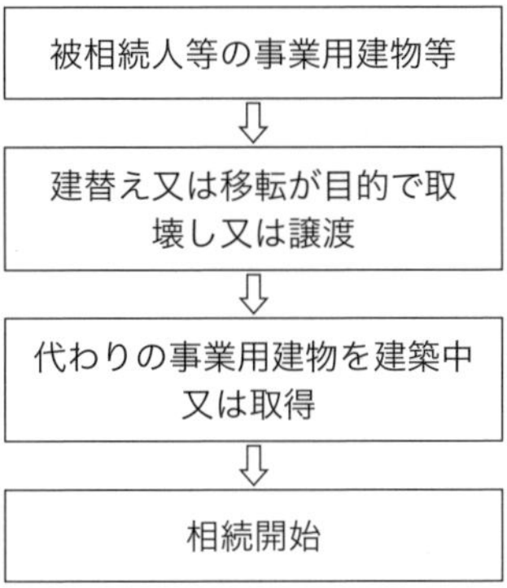

2　適用要件

事業用建物等が建築中等である場合の要件を満たすことにより、特例の適用が認められます（措通69の4-5）。なお、この取扱いは事業の継続を保護することから、被相続人が相続開始直前に事業を行っていない状況で、事業を新規に立ち上げるため等で事業用建物を建築中だったとしても適用はありません。

(1)　事業用建物等の建築中等とは

事業用建物等の建築中等とは、移転又は建替えのため相続開始の時に次の状態にあることをいいます。

イ　旧建物等が、次の①又は②の状態にあること
　①　建物等を取り壊した
　②　建物等を譲渡した

ロ　新しい建物等が、次の①又は②の状態にあること
　①　上記イに代わる建物等を建築中である
　②　上記イに代わる建物等を取得したが、被相続人等が事業の用に供する前に相続が開始した

(2)　建物等の所有者

建築中等の建物等の所有者は被相続人又は被相続人の親族に限ります。

建物等の所有及び利用関係を示せば次のとおりです。

建築中の建物等の所有者	建物等の利用
①被相続人	被相続人の事業の用
②被相続人	生計一親族の事業の用
③被相続人の親族	被相続人の事業の用
④被相続人の親族	生計一親族の事業の用

⑶　事業の用に供する見込み

相続開始直前において被相続人等の建物等に係る事業の準備行為の状況からみて、建物等を速やかにその事業の用に供することが確実であったと認められることが必要です。

⑷　親族の事業

生計一親族又はその建物等若しくはその建物等の敷地の用に供されていた宅地等を相続等で取得した親族が、建物等を相続税の申告期限までに事業の用に供しているときは、被相続人等が建物等を速やかにその事業の用に供することが確実であったものとします。

3　事業用以外の部分がある場合

建築中又は取得に係る建物等のうちに被相続人等の事業の用に供されると認められる部分以外の部分があるときは、特例が適用できるのは、建物等の敷地のうち事業の用に供されると認められる建物等の部分に対応する部分に限られます（措通 69 の 4-5 注）。

建替え後の利用状況で判断します。例えば、事業を行っていた平屋建物を取り壊し、3 階建てとして 1 階部分を事業用、2、3 階部分を貸し付けているような場合、事業用部分 3 分の 1、貸付用部分 3 分の 2 として計算します。

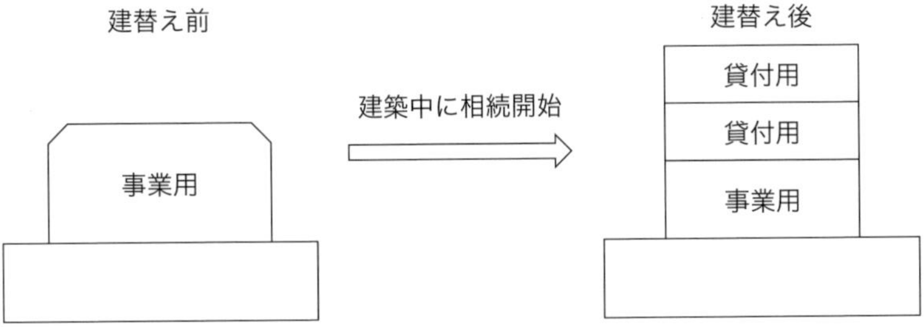

4　事業の用に供する期限

相続税の申告書の提出期限までに、建築中の建物の敷地を取得し、事業の用に供することが要件です。

申告期限において建物等を事業の用に供していない場合であっても、次に該当し、建物等の完成後速やかに事業の用に供することが確実であると認められるときは特例の対象となります。

①　建物等の規模等からみて建築に相当の期間を要すること

②　法令の規制等により建築工事が遅延していること

③　①又は②に準ずる特別の事情があること

5　建築中の事業の判断

次のような建物に係る宅地等は事業の用に供されていた宅地等に該当しません。なお、貸付事業用の判断も同様です。

①　新たに事業の用に供する建物等を建築中である場合

小規模宅地特例は、事業の継続を目的とした特例であることから、たまたま新規事業を立ち上げるために事業用建物等を建築途上にあったとしても、この取扱いに該当しません。

②　新たに建築した建物等に係る賃借人の募集その他の貸付事業の準備行為が行われているに過ぎない場合

6　建築請負契約を締結した状態で相続が開始した場合

建物の建築請負契約を締結している状態の場合、その敷地は更地の状態であり事業用とはみなされません。契約内容が具体的なものであったとしても、原則は相続開始時点での現況で判断することになることから、更地の状態では事業用と判断することはできません。本章 Section 8（6　建築請負契約を締結した状態で相続が開始した場合）を参照してください。

Section 10

郵便局の敷地に対する特例の適用

1 特例の経緯

かつて小規模宅地等の区分に「国営事業用宅地等である小規模宅地等」がありました。特定郵便局の局長等が所有する郵便局の敷地の件数が圧倒的に多いことから、この規定は郵便局の敷地を有する者の相続税の緩和として運用されていました。特定郵便局舎を相続により取得した親族から相続開始後5年以上その不動産を国の事業の用に供するために借り入れる見込みであることについて日本郵政公社の証明があるものについては、国営事業用宅地等として小規模宅地等の特例が適用できました。

2007年（平成19年）10月1日に郵政民営化法が施行され、これに伴い措置法第69条の4に規定されていた「国営事業用宅地等である小規模宅地等」に該当していた日本郵政公社に郵便局の用地として貸し付けられていた宅地等は、これに当たらないこととなりました。

2 現在の取扱い

郵政民営化法により、2007年（平成19年）10月1日以降の相続開始分から、特定郵便局の敷地は国営事業用宅地から外れましたが、日本郵政公社の権利及び義務等は郵便局株式会社等各会社に引き継がれました。現行の取扱いは小規模宅地等の特例を民営化施行時の賃貸人一代に限り適用できます。

⑴ 概要

個人が相続又は遺贈により取得した財産のうちに、被相続人が平成 19 年 10 月 1 日前から相続開始の直前まで引き続き有していた次に掲げる適用要件のすべてを満たす土地等（棚卸資産を除きます。以下同じです。）のうち一定の業務の用に供する部分（以下「特定宅地等」といいます。）がある場合には、その特定宅地等を小規模宅地等の特例の適用対象となる特定事業用宅地等に該当する特例対象宅地等とみなして、原則として 400 m^2 までの部分について 80 ％の減額を受けることができます（郵政民営化法 180 ①、措通 69 の 4-27）。

⑵ 適用要件

① 2007 年（平成 19 年）10 月 1 日前に被相続人又はその被相続人の相続人と旧日本郵政公社との間の賃貸借契約に基づき、郵便等の業務を行う郵便局の用に供するため旧日本郵政公社に貸し付けられていた建物（その賃貸借契約の当事者である被相続人又はその相続人が有していた建物に限ります。）の敷地の用に供されていた土地等であること。

この場合の相続人とは、相続を放棄した者及び相続権を失った者を含みません。なお、「相続を放棄した者」及び「相続権を失った者」の意義については、相続税法基本通達 3-1（「相続を放棄した者」の意義）及び 3-2（「相続権を失った者」の意義）をそれぞれ準用します（措通 69 の 4-29）。

② 2007 年（平成 19 年）10 月 1 日から被相続人に係る相続開始の直前までの間において、賃貸借契約（2007 年（平成 19 年）10 月 1 日の直前に効力を有するものに限ります。）の契約事項に一定の事項以外の事項について変更がない賃貸借契約に基づき引き続き郵便窓口業務を行う郵便局の用に供するため郵便局株式会社に対し貸し付けられていた建物（その賃貸借契約の当事者である被相続人又はその被相続人の相続人が有していた建物に限ります。）（以下「郵便局舎」といいます。）の敷地の用に供されていた土地等であること。

③ 相続又は遺贈によりその土地等を取得した相続人から、その相続の開始

の日以後5年以上、上記②の郵便局舎を郵便局株式会社が引き続き借り受けることにより、その土地等を同日以後5年以上その郵便局舎の敷地の用に供する見込みであることについて、総務大臣の証明がなされたものであること。

④　その郵便局舎の敷地の用に供されている土地等について、既にこの特例（郵政民営化法第180条（相続税に係る課税の特例））の規定の適用を受けていないこと。

この要件は、郵政民営化法第180条第1項第3号にあり、適用できるのは2007年（平成19年）10月1日以前から郵便局の敷地の用に供している宅地等であり、その後に相続があり特例を適用した場合、その後の相続において適用できないことを表しています。つまり、一代限りの適用となります。

(3)　郵便局の建物の敷地の利用状況

郵便局の建物の敷地とは、郵便局の業務に利用していた敷地のことをいい、郵便局の業務とは郵便局株式会社法第4条第1項及び第2項に規定する次の業務に限られます。

第１項	①　郵便事業株式会社の委託を受けて行う郵便窓口業務 ②　郵便事業株式会社の委託を受けて行う印紙の売りさばき ②　①及び②に掲げる業務に附帯する業務
第２項	①　郵便局取扱事務に係る業務 ②　銀行業及び生命保険業の代理業務その他の郵便局を活用して行う地域住民の利便の増進に資する業務 ③　①及び②に掲げる業務に附帯する業務

※　この項は国税庁公表「平成19年10月1日以後に相続等により取得した郵便窓口業務を行う郵便局の敷地の用に供されている土地等について小規模宅地等の特例の適用を受けられる方へ」を基に作成しました。

3　郵便局舎の敷地の用に供されている宅地等について相続税に係る課税の特例の適用を受けている場合

郵政民営化法第180条第1項の規定は、施行日（平成19年10月1日）から平成24年改正法（郵政民営化法等の一部を改正する等の法律をいいます。）の施行日（平成24年10月1日）の前日（平成24年9月30日）までの間にあっては平成24年改正法第3条（郵便局株式会社法の一部改正）の規定による改正前の郵便局株式会社法第2条第2項（定義）に規定する郵便局の用に供するため郵便局株式会社に、平成24年10月1日から相続の開始の直前までの間にあっては日本郵便株式会社法第2条第4項（定義）に規定する郵便局の用に供するため日本郵便株式会社に対し貸し付けられていた敷地の用に供されていた土地又は土地の上に存する権利について、既に郵政民営化法第180条第1項の規定の適用を受けていない場合に限り適用があります（措通69の4-28)。

ただし、郵政民営化法第180条第1項の規定の適用を受けていた場合であっても、措置法第69条の4第1項の規定要件を充足すれば、小規模宅地等の特例の適用ができます。

4　特定宅地等

⑴　特定宅地等の範囲

郵政民営化法第180条第1項の規定は、郵便局舎の敷地の用に供されていた土地等を被相続人が2007年（平成19年）10月1日前から相続の開始の直前まで引き続き有している場合に限り適用されます（措通69の4-30)。

⑵　特定宅地等とならない部分の範囲

特定宅地等となる土地等とは、土地等のうちに平成24年改正法第3条の規定による改正前の郵便局株式会社法第4条第1項（業務の範囲）に規定する業務(同条第2項に規定する業務を併せて行っている場合のその業務を含みます。)

の用に供されていた部分以外の部分があるときは、その業務の用に供されていた部分に限られます（措通 69 の 4-32)。

⑶　貸し付けられていた郵便局舎

郵便局株式会社に対し貸し付けられていた郵便局舎で、例えば、郵便局株式会社から郵政民営化法第 176 条の 3（日本郵便株式会社及び郵便事業株式会社の合併）の規定により吸収合併消滅会社となった平成 24 年改正法第 1 条（郵政民営化法の一部改正）の規定による改正前の郵政民営化法第 70 条（設立）の規定により設立された郵便事業株式会社に転貸されていた部分は、平成 24 年改正法第 3 条の規定による改正前の郵便局株式会社法第 4 条第 3 項に規定する業務の用に供されていた部分であるため郵政民営化法第 180 条第 1 項の規定の適用はありません。

ただし、その部分が貸付事業用宅地等である小規模宅地等に該当するときは、特例の規定の適用ができます（措通 69 の 4-32 注)。

5　郵便局舎の敷地を被相続人から無償で借り受けている場合

被相続人の相続の開始の直前において、被相続人と生計を一にしていた被相続人の相続人が、被相続人から無償で借り受けていた土地等を郵便局舎の敷地の用に供していた場合、土地等が特定宅地等に該当しない場合であっても、被相続人と生計を一にしていた被相続人の相続人が、相続開始時から申告期限まで引き続きその土地等を有し、かつ、相続開始前から申告期限まで引き続き土地等の上に存する郵便局舎を日本郵便株式会社に対し相当の対価を得て継続的に貸し付けていた場合、貸付事業用宅地等の特例（措法 69 の 4①二）の適用があります（措通 69 の 4-33)。

6　建物の所有者の範囲

郵政民営化法第180条第1項の規定は、賃貸借契約の当事者である被相続人又は被相続人の相続人が、郵便局舎を2007年（平成19年）10月1日前から有していた場合に限り適用されることに留意します（措通69の4-31）。

7　賃貸借契約の変更に該当しない事項

旧公社との間の賃貸借契約（郵政民営化法180①1）においてあらかじめ契約条項として盛り込まれた賃貸借料算出基準に基づく賃貸借料の改定又は賃貸借契約の目的物に変更がないと認められる面積に増減が生じない郵便局舎の修繕、耐震工事若しくは模様替えは、賃貸借契約の契約事項の変更に該当しません（措通69の4-34）。

8　相続開始以後の日本郵便株式会社への郵便局舎の貸付

郵政民営化法第180条第1項の規定は、相続又は遺贈により郵便局舎の敷地の用に供されている土地等を取得した相続人が土地等の上に存する郵便局舎である建物の全部又は一部を有し、かつ、日本郵便株式会社との賃貸借契約の当事者として郵便局舎を貸し付けている場合に限り適用があります（措通69の4-35）。

9　災害のため業務が休業された場合

郵政民営化法第180条第1項第2号の要件の判定において、郵便局舎が災害により損害を受けたため、申告期限において郵便局の業務が休業中である場合、相続人から日本郵便株式会社が郵便局舎を借り受けており、かつ、郵便局の業務の再開のための準備が進められていると認められるとき（証明がされたものに限ります。）に限り、土地等を相続の開始の日以後5年以上郵便局舎の敷地の用に供する見込みであるものとして取り扱います（措通 69 の 4-36）。

10 宅地等の一部の譲渡又は日本郵便株式会社との賃貸借契約の解除等があった場合

郵政民営化法第 180 条第 1 項第 2 号に規定する「当該相続又は遺贈により当該宅地等の取得をした相続人から相続開始日以後 5 年以上当該郵便局舎を日本郵便株式会社が引き続き借り受けることにより、その宅地等を相続開始日以後 5 年以上郵便局舎の敷地の用に供する見込みであること」とは、相続により取得した郵便局舎の敷地の用に供されていた土地等の全部について郵便局舎の敷地の用に供する見込みである場合をいいます。例えば、相続開始日以後から証明がされるまでの間に、土地等の一部が譲渡され、又は日本郵便株式会社との賃貸借契約を解除された場合、若しくは、土地等の一部を譲渡又は賃貸借契約を解除する見込みである場合は同項の規定の適用はありません（措通 69 の 4-37）。

第3章

特定居住用宅地等

小規模宅地等の特例の中で、特定居住用住宅等が最も適用件数が多く、馴染みのある特例です。しかし、居住形態が多岐にわたり、適用にあたって悩む部分でもあります。近年は要件が整備されてきていますが、依然として居住していた者の状況、取得する者の要件等、適用要件が多くありハードルを一つ一つ乗り越えなくてはならない特例でもあります。

Section 1

特定居住用宅地等の概要

1 特定居住用宅地等

被相続人が居住していた建物及びその敷地は、財産評価をする上で特に減額する要素はありません。自用家屋及び自用宅地として 100 %課税対象となります。一般的に、被相続人が居住していた家屋は、残された配偶者や子が居住を継続します。相続税は一定の財産を相続する裕福な階層に対する税であることは周知のことですが、居住している土地建物が主な相続財産という場合も多くあります。このような財産に対して何ら斟酌を加えず課税することは、納税者に対して酷であるだけではなく、社会的税政策的見地からも問題があるでしょう。基本的人権である生存権、生活権を確保するベースとなるのが居住する場所の確保です。そこで、居住用財産であることを要件とし、一定面積までの価額を減額する特例として創設され、現在に至っています。

小規模宅地等の特例は、事業用資産及び居住用財産に対する課税の緩和であることは述べました。近年はおそらく相続税の課税対象となる被相続人が居住用財産を所有していない事例は稀であることから、居住用宅地等の特例を適用しないことはあり得ません。しかし、現実には特例の要件を満たしているのに適用しない事例があり、また調査で特例の適用誤りを指摘される事例も多くあります。個人の居住形態は家族の事情が強く反映されることから、特例があることを承知してはいても、税務上の都合に合わせて居住することが難しいこともあります。特例の想定外の居住形態もあり、適用に苦慮する事例もあります。

2 居住用宅地等の特例の創設と変遷

被相続人等の居住用宅地等に対する特例は、適用不適用を簡単に判定できるよう単純なものであるべきですが、居住形態が多様化してきた時代の要請に応じて次のように要件が変遷しています。時には判定要件があまりに複雑となったこともあり、特例を適用することが相続税申告の最大のリスクである時期もありました。申告のプロである税理士が適用判断に迷う事例も多くあり、納税者にとっては尚更理解できない特例です。近年は大分整理されてきましたが、それでもまだまだ改正される余地及び可能性があります。

[1975年（昭和50年）]

個別通達「事業又は居住の用に供されていた宅地の評価について（昭和50年6月20日付直資5-17）」により、一定の事業用及び居住用宅地等について、評価額から20％を控除する取扱いが定められました。居住の用に供されていた宅地等のうち、最小限必要な部分（200 m^2 まで）については、相続人等の生活基盤維持のため欠くことのできないものであり、その処分には相当の制約を受けるのが通常であることから、通常の取引価額を基とする評価額に、斟酌を加える扱いとしました。

[1983年（昭和58年）]

租税特別措置法による規定となり、1975年の通達が廃止されました。本来課税価格の減額措置等、納税額に影響を及ぼす取り扱いは法定化すべきであるため、通達での取扱いを発展的に解消させ、あるべき姿となったものです。この時の法定化で、居住用財産の維持は生計資本の確保に必要な措置であることから、減額割合が30％となりました。

[1988年（昭和63年）]

居住用宅地等の減額割合が40％に増加しました。

[1992年（平成4年）]

居住用宅地等の減額割合が60％と大幅に増加しました。

[1994年（平成6年）]

地価高騰により居住継続が困難となっている現状を踏まえ、申告期限まで居住を継続する場合について「特定居住用宅地等」が創設され、特定事業用宅地等と水準を合わせ、80％の減額となりました。現行制度の原型となった改正です。居住を継続しない場合については、その他居住用宅地等として減額割合を下げ、50％とすることとなりました。

また、1棟の建物の一部でも特定事業用・居住用等に該当すれば全体が減額できることとなりました。相続財産に対する減額措置の対象が特定の要件を満たしたものに対する緩和措置であるべきものが、財産の一部でも要件を満たすことによってその財産全体を減額の対象とする、という驚くべき緩い改正となりました。大きなマンションの一室でも、また相続人の誰が取得した場合であっても該当すればその建物の敷地全体に対して80％の減額を適用できるという信じがたい取扱いです。バブル経済崩壊後の、緩和税制だったのかもしれませんし、相続人にとって大きな恩典であることは間違いありませんが、税制のあるべき姿から完全に外れていました。この税制は2010年（平成22年）の改正まで継続適用されていました。

特例を適用するためには、遺産分割により取得者を明確にするよう改正されました。

[2001年（平成13年）]

特定居住用宅地等の対象面積が240 m^2まで拡大されました。

[2010年（平成22年）]

昭和の終わりから平成の初めにかけての土地価額の急激な上昇に対応すべく、特例の適用要件が本来の税制のあるべき姿を超えているのではないかというほど緩和されてきました。この年の改正は次の通り、行き過ぎた緩和適用を見直したものです。

① 相続税の申告期限まで居住を継続しない宅地等については、50％減額措置を廃止しました。

② 1棟の建物の敷地の用に供されていた宅地等のうちに、特定居住用部分とそれ以外の部分がある場合には、特定居住用部分とそれ以外の部分に案分して減額割合を算定することとなりました。1人でも要件を満たす者がいればその宅地全体が減額の対象となる仕組みを利用した租税回避的な事

例があることから、1994年（平成6年）から適用されてきた取扱いを是正しました。

③　一の宅地等について複数の相続人等が取得した場合、小規模宅地等の特例が適用できるのは要件を充足した者のみとなりました。

④　居住用宅地を複数所有していた場合の適用について、明文の規定がなかったため、被相続人の居住の用に供されていた宅地等が2以上ある場合「主としてその居住の用に供していた一の宅地等」に限ることとしました。

[2014年（平成26年）]

2013年（平成25年）の税制改正において、相続税の基礎控除の引下げ、税率の引上げ、教育資金の一括贈与に係る贈与税の非課税措置の創設等、相続税が見直され、それに伴い、小規模宅地等の特例についても次の改正が行われました。なお、この年の税制改正に伴う適用年は、特例により異なります。

①　2世帯住宅について、1棟の建物のうち、構造上独立して区分される部分に居住している場合、被相続人及びその親族が居住している部分に対応する部分について特例の適用対象とすることとなりました。

旧取扱いでは、2世帯住宅の判断が非常に難しく、調査の対象となる事例も多かったようですが、一定の基準を設けて整理されました。

②　老人ホームに入居し空家となっている家屋の敷地については、次の要件に該当すれば特例適用が認められることとなりました。

イ　被相続人の介護の必要があることから老人ホームに入所していること

ロ　入所した後の被相続人居住用家屋が、貸付け等の用途に使用されていないこと

この改正は2014年（平成26年）1月1日以後の相続等による取得から適用されました。

[2015年（平成27年）]

2013年（平成25年）の税制改正において、次の改正が行われました。

①　特定居住用宅地等の適用対象面積が240 m^2 から330 m^2 に拡充されました。

330 m^2 の根拠について「平成25年度税制改正の解説（財務省）」では次

のように述べています。

「新たな適用対象面積の上限「330 m^2」は、

・大都市圏においてこの特例を適用している事案の平均的な宅地面積である 360 m^2（三大都市圏の既成市街地等の圏内に所在する税務署ごとの実績）、

・全国の居住用の土地面積の平均である 300 m^2（土地基本統計（平成20年度）における全国平均）

等を勘案して定められたものです。」

特定居住用宅地等の減額割合が 80 %ですので、地価の高い都心部では活用効果が高いのは言うまでもありません。しかし都心部に 100 坪もの自宅を所有する人は相当の資産家でしょう。特定の階層に対する緩和措置となった印象があります。

② 特定居住用宅地等及び特定事業用宅地等の適用対象がある場合は、居住用 330 m^2 事業用 400 m^2 までそれぞれ適用可能となり、最大 730 m^2 まで特例適用ができることとなりました。適用面積が併用適用できることとなったことは、相続人にとって大きな恩典となりました。

この改正は 2015 年（平成 27 年）1 月 1 日以後の相続等による取得した財産に適用されました。

[2018 年（平成 30 年）]

「持家のない親族（家なき子）」を創出して小規模宅地等の特例を適用する事例があることから、過度な節税策を封じ込めるために次の者が除外されました。

イ 相続開始前 3 年以内に日本国内にある取得者、取得者の配偶者、取得者の 3 親等内の親族又は取得者と特別の関係がある一定の法人が所有する家屋（相続開始の直前において被相続人の居住の用に供されていた家屋を除く。）に居住したことがある者。

ロ 相続開始時において、居住の用に供していた家屋を過去に所有していたことがある者。

この改正は、2018 年（平成 30 年）4 月 1 日以後の相続等により取得した財産に適用されました。

Section 2

特定居住用宅地等の要件

1　特定居住用宅地等とは

(1)　特定居住用宅地等

特定居住用宅地等とは、被相続人等の居住の用に供されていた宅地等（以下「居住用宅地等」といいます。）で、被相続人の配偶者又は一定の要件を満たす被相続人の親族が相続等により取得したものをいいます（措法 69 の 4 ③二）。

居住用宅地等が 2 以上ある場合、政令で定める宅地等に限られます（措法 69 の4③二カッコ書き）。また、一定の要件に該当する老人ホーム等へ入居していた場合でも特例が適用できます（措法 69 の 4 ①カッコ書き）。それぞれ別項で解説します。

(2)　判定の時期

居住の用に供していた時点の判定は、特例適用に大きくかかわります。居住の用に供していたか否かは、相続開始の直前で判定します。老人ホーム等への入所等の場合、居住の用に供されなくなる直前で判定します（措法 69 の 4 ①）。

2　特定居住用宅地等の区分

大分類「被相続人等の居住の用に供されていた宅地等」は小分類「被相続人の居住の用に供されていた宅地等」及び「被相続人と生計を一にしていた親族

の居住の用に供されていた宅地等」の2つに区分されます。更にそれらの宅地等を取得した親族により要件が異なります。

特例適用一覧表のうち特定居住用宅地等は、次の通りです。

<table>
<tr><th>大分類</th><th colspan="2">小分類</th><th rowspan="2">限度面積</th><th rowspan="2">減額割合</th></tr>
<tr><th>用途区分</th><th colspan="2">要件</th></tr>
<tr><td rowspan="3">被相続人等の居住の用に供されていた宅地等（乙）</td><td rowspan="3">⑥</td><td>「特定居住用宅地等」に該当する宅地等</td><td rowspan="3">330 m^2</td><td rowspan="3">80 %</td></tr>
<tr><td>⑥-1　被相続人の居住の用に供されていた宅地等</td></tr>
<tr><td>⑥-2　被相続人と生計を一にしていた親族の居住の用に供されていた宅地等</td></tr>
</table>

3　居住者の要件

居住の用に供していた者は、被相続人又は生計一親族です（措法69の4③二）。被相続人の居住用は特に問題となることはありません。生計一親族の居住用についても特例の対象です。被相続人及び家族親族は寄せ合い、生計をひとつで生活を共にしている姿が大半です。被相続人がたまたま転勤等で自宅から離れ、単身で生活していた場合、その自宅は被相続人の居住の用に供していないことは間違いありません。しかし、このような硬直的な取扱いをすると、死亡した瞬間の居場所が特例適用の判断を左右することになり、不合理な取扱いとなります。そのため、生計一親族が居住の用に供していた宅地等についても特例の対象とするものです。同様の考え方で、居住用財産を譲渡した場合の特例に、生計一親族が居住する家屋が、所有者にとっても居住する家屋と認めるという取扱いがあります（措通31の3-6、35-6他）。

①　被相続人
②　生計一親族

4　居住用宅地等の要件

(1)　被相続人等の居住の用に供されていた宅地等の判定

被相続人等の居住の用とは、基本的には、被相続人等がその宅地等の上に存する建物に生活の拠点を置いていたかどうかにより判定します。具体的には、次の事実を総合勘案して判定することになります。居住用財産を譲渡した場合の居住用家屋の判定における取扱い（措通 31 の 3-2）とほぼ同一の考え方です。敷地の広狭は原則として問題ではありません。居住用建物の敷地の範囲内のみが居住の用に供している宅地という判断ではありません。庭が広いから、その部分は居住の用に供していないということにはなりません。

イ　被相続人等の日常生活の状況
ロ　建物への入居目的
ハ　建物の構造及び設備の状況
ニ　生活の拠点となるべき他の建物の有無
ホ　その他の事実

例えば、次のような建物に被相続人等が居住していた事実があったとしても、被相続人等が生活の拠点を置いていた建物とはいえません。

イ　居住の用に供する建物の建築期間中だけの仮住まいである建物
ロ　他に生活の拠点と認められる建物がありながら、小規模宅地等の特例の適用を受けるためのみの目的その他の一時的な目的で入居した建物
ハ　主として趣味、娯楽又は保養の用に供する目的で有する建物

5 家屋の所有者

居住の用に供している宅地等に対する特例であることから、宅地等の上に居住することが必然であり、かつ、家屋がなければ居住できません。この場合の家屋の所有や居住するための家賃の有無により特例の適用判断が異なります。

特例の適用には、まずは居住用宅地等に該当しなければなりません。居住用宅地等とは、相続の開始の直前に、被相続人等の居住の用に供されていた次の家屋の敷地の用に供されていた宅地等をいいます（措通 69 の 4-7）。なお、相続の開始の直前において配偶者居住権に基づき使用又は収益されていた建物等の敷地の用に供されていたものを除きます。配偶者居住権における宅地等の範囲は第 6 章で解説します。

家屋の所有者	被相続人
	被相続人の親族

(1) 被相続人が所有していた家屋

被相続人が所有していた家屋に被相続人が居住している場合については、その敷地が居住用であることに問題はありません。

生計一親族が居住の用に供していたものである場合、その生計一親族が被相続人から無償で借り受けていたものに限ります。被相続人の所有する家屋を借りて住んでいる生計一親族が家賃を支払っている場合はその家屋は貸家であり、その敷地は貸家建付地となります。貸付事業用宅地として特例が適用できるでしょう。

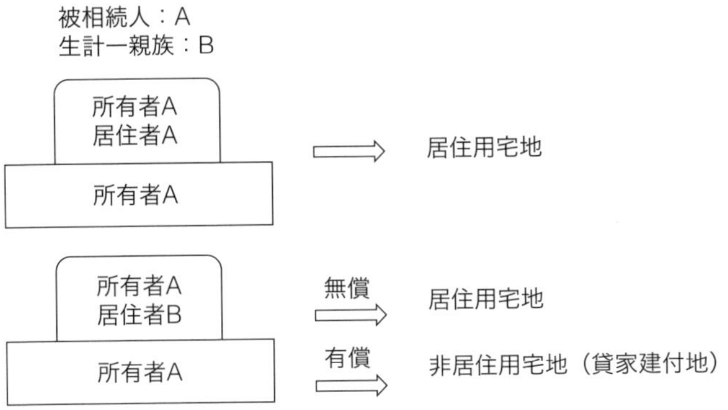

(2)　親族が所有している家屋

居住用宅地等は被相続人の財産として減額の対象となりますが、その宅地の上に存する家屋は被相続人が所有するものだけとは限りません。使用貸借契約により被相続人の宅地に、配偶者又は子が所有していることは容易に想定されますし、配偶者や子がいない場合、将来のことを考えて甥や姪が家屋を所有していることも見受けられます。このような場合、被相続人の名義以外の家屋を認めないとすると、被相続人が生活の基盤としていた家屋の敷地に対して小規模宅地等の特例が適用できなくなり、その土地を取得した配偶者や親族にとって税負担の面で大変不当な扱いとなります。そこで、親族が所有する家屋の敷地についても被相続人等が建物等を、親族から無償で借り受けていた場合に限り適用できることとなっています。

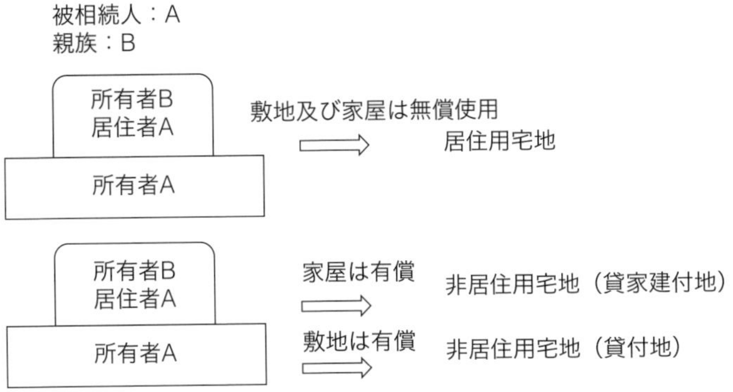

⑶　無償の判断

小規模宅地等の特例において無償とは、必ずしも一切の対価を受け取らないことをいうのではなく、相当の対価に至らない程度の対価の授受がある場合を含みます。被相続人が家賃を支払っている場合、その建物は貸家ということになり、貸家所有のためにその敷地を提供していることになることから、特例の対象になりません。また、親族が被相続人から土地を有償で借りている場合、つまり地代を支払っている場合も同様、被相続人にとっては貸地ということになり貸付事業用宅地等と判定されます。

⑷　建物所有者と居住者の適用関係

建物所有者と居住者の適用関係を示せば次の通りです。

宅地所有者	建物所有者	居住者	土地又は建物の貸借状況	減額割合
被相続人	被相続人	被相続人	自宅であることから、問題なく適用可	80％
		生計一親族	建物を無償で貸し付けている場合	
	生計一親族	生計一親族	その生計一親族が取得した場合	
		被相続人	宅地等を無償で貸し付け、建物等を無償で借り受けていた場合	
	その他親族	被相続人	被相続人に無償で借り入れている場合	
		生計一親族	生計一親族が無償で借り入れている場合	
		被相続人	被相続人が有償で建物を借り入れている場合	0％
		生計一親族	生計一親族が有償で建物を借り入れている場合	

［事例で確認］

CASE 1　庭先に対する特例の適用

Q｜ 被相続人Aの居住用宅地を分筆して、配偶者Bが居住用家屋のある部分、子Cは庭先の部分を取得することになりました。Cが取得した部分について特定居住用宅地等として特例の適用を受けることができますか。なお、CはAの生前から同居しており、相続後もこの家屋に居住する予定です。

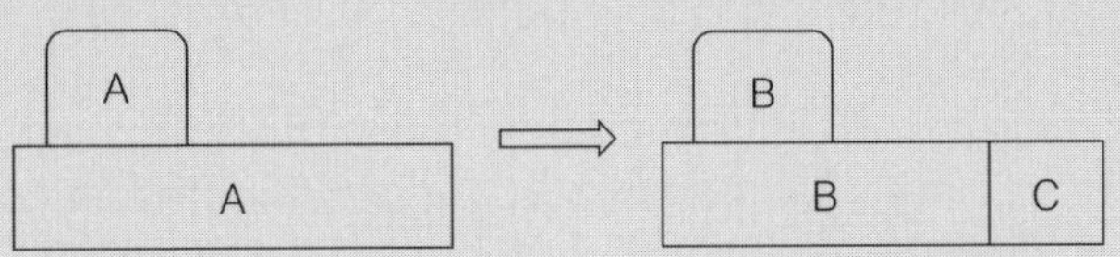

A 居住用宅地等は、居住の用に供している建物部分の敷地に限定されていません。居住するに必要な範囲はもちろん、生活の状況等総合的に社会通念に従って判断します。庭先部分のみの取得であっても、被相続人が居住用として一体利用しているものであれば居住用宅地等と認められます。取得した部分に家屋がなかったとしても、その敷地全体が居住用であれば特例の適用対象となります。取得した部分が別棟の建物の一部である場合や駐車場として貸し付けている場合、被相続人の居住用として一体利用していたことにならないことは当然です。

Bが取得した部分はもちろん、Cが取得した部分についても、特例の適用対象となるでしょう。（国税庁文書回答事例　平成28年8月22日）

CASE 2 建物の一部が居住用及び貸付用だった場合の敷地の適用割合

Q 被相続人が居住する2階建て建物の1階部分を店舗として他人に貸し付けています。建物の敷地について、全体を特定居住用として小規模宅地等の特例を適用することができますか。

A 建物が、居住用及びその他用と区分されて利用されている場合、建物の利用割合に応じて敷地の割合が区分されます。居住用2分の1、貸付用2分の1であれば、特定居住用宅地等として特例が適用できるのは敷地に対する適用割合が2分の1となります。

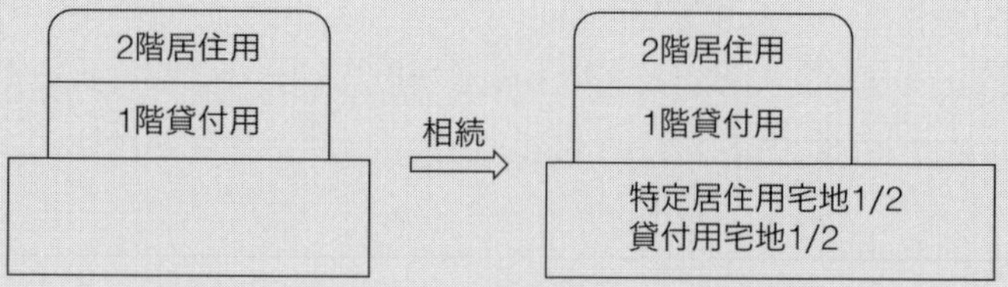

CASE 3 建物が２棟あり、敷地が共有だった場合の敷地の適用割合

Q 被相続人Ａ及び配偶者Ｂの居住用家屋（甲）と貸付家屋（乙）の２棟が建っている敷地があります。この敷地面積は 350 m² で、居住用部分が 150 m²、貸付部分が 200 m² となっています。なお、敷地はＡ及びＢの共有であり、持分はＡが 70 %及びＢが 30 %です。この場合の、小規模宅地等の特例が適用できる面積はどのような計算をするのでしょうか。なお取得者はＢです。

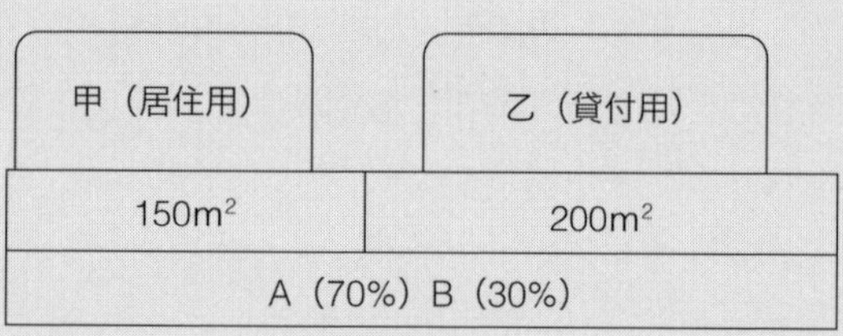

A 共有持分権者のその土地に有する権利は、その土地の全てに均等に及びます。Ａの共有持分は居住の用に供されていた甲建物の敷地と貸家である乙建物の敷地に均等に及んでいると考えます。

Ａの共有持分に相当する 245 m² には、どの部分であっても居住用又は貸付用があるとみます。そして、居住用建物及び貸付用建物のそれぞれの面積を計算します。甲部分は特定居住用宅地等としての面積が 105 m² となります。245 m² のうち居住用部分の面積 150 m² を優先的に適用する計算はしないことに注意します。

① Ａの持分に応じた甲部分の面積　105 m² $\left(350\,\mathrm{m}^2 \times \dfrac{70}{100} \times \dfrac{150\,\mathrm{m}^2}{350\,\mathrm{m}^2}\right)$

② Aの持分に応じた乙部分の面積　140 m^2 $\left(350\,m^2 \times \frac{70}{100} \times \frac{200\,m^2}{350\,m^2}\right)$

6　1棟の建物である場合

宅地等のうちに被相続人等の居住の用以外の用に供されていた部分があるときは、居住の用に供されていた部分に限られます。ただし、居住の用に供されていた部分が、1棟の建物（建物の区分所有等に関する法律第1条の規定に該当する建物を除きます。）に係るものである場合には、その1棟の建物の敷地の用に供されていた宅地等のうち被相続人の親族の居住の用に供されていた部分が含まれます（措通69の4-7（注））。

［事例で確認］

CASE 建物が共有だった場合の敷地の適用割合

Q 被相続人の居住する建物が被相続人及び被相続人と同居していない子と各2分の1の共有でした。建物の敷地である宅地は被相続人の単独所有です。この場合、小規模宅地等として適用できる宅地の面積は、建物の所有状況に合わせて2分の1でしょうか。

A 小規模宅地等の特例を適用する宅地等は、被相続人の居住用又は事業用等に使用されていることが要件です。建物の所有者が被相続人以外であっても、特定居住用又は特定事業用の要件を満たせば、小規模宅地として特例の適用ができます。建物が被相続人及び相続人等と共有となっていたとしても、その敷地全体に対して特例の適用ができます。

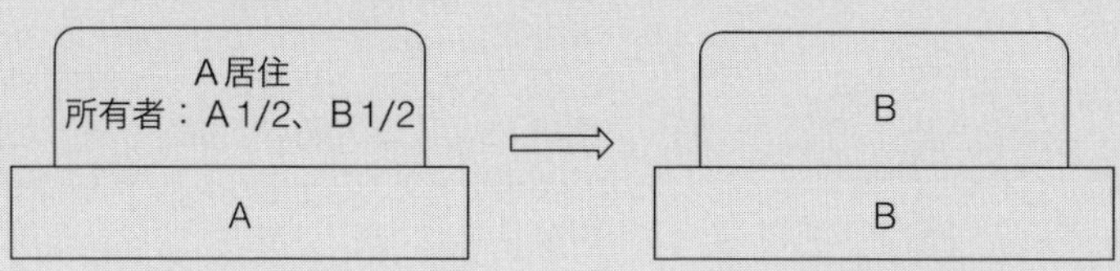

特例適用可

7　取得者の要件

居住用宅地等の取得者は次のように「被相続人の居住用宅地等」及び「被相続人と生計一親族の居住宅地等」に区分して判定します。

(1)　被相続人の居住用宅地等

居住用宅地等を取得した者は、配偶者、被相続人の居住の用に供されていた一棟の建物に居住していた親族（以下「同居親族」といいます。）及び、配偶者又は同居親族以外の親族（以下「持家なき親族」といいます。）に区分されます。各人の要件は、次の通りです。なお、持家なき親族が取得した場合の要件等については本章 Section 7 に詳細に解説しました。

取得者 （条文）	要　　件	適用要件の内容
Ⓐ　配偶者 （措法 69 の 4③二）	居住継続要件	居住継続要件はない
	保有継続要件	保有継続要件はない
Ⓑ　被相続人の居住の用に供されていた1棟の建物に居住していた親族 （措法69の4③二イ）	居住継続要件	①　相続開始の直前に宅地等の上に存する被相続人の居住の用に供されていた 1 棟の建物に居住していたこと（「1 棟の建物」については本章 Section 4 で解説します。） ②　相続開始時から申告期限までその建物に居住していること。
	保有継続要件	②　相続開始時から申告期限まで、その宅地等を保有していること
Ⓒ　ⒶⒷ以外の親族（注） （措法69の4③二ロ）	居住継続要件	次の要件の全てを満たすⒶⒷ以外の親族が取得した場合。 ①　居住制限納税義務者又は非居住制限納税義務者のうち日本国籍を有する者であること（措規 23 の 2④、相法 1 の 3①一、二、四） ②　被相続人に配偶者がいないこと ③　相続開始の直前において被相続人の居住の用に供されていた家屋に居住していた親族（被相続人の相続人のこと。相続の放棄があった場合には、その放棄がなかったものとした場合の相続人）がいないこと

		④　相続開始前３年以内に日本国内にある親族、親族の配偶者、親族の３親等内の親族又は取得者と特別の関係がある一定の法人が所有する家屋（相続開始の直前において被相続人の居住の用に供されていた家屋を除きます。）に居住したことがないこと ⑤　相続開始時にその親族が居住している家屋を、相続開始前のいずれの時においても所有していたことがないこと
	保有継続要件	相続開始時から申告期限までその宅地等を所有していること

（注）　Ⓒの要件に該当する者は通称「家なき子」とされていますが、適用対象となるのは子に限りません。本書では「持家なき親族」といいます。この規定は、相続開始の直前に被相続人と同居していない親族であっても、持家がない状態で生活している場合、将来的に被相続人の居住用家屋に戻ってくるであろうという想定の下、特例が適用できるとしたものです。一般的には、被相続人の子が該当しますが要件を満たせば親族なら構いません。

［事例で確認］

CASE　同居していた者としない者が取得した場合

Q　父の相続人は子B及びCです。父が居住していた家屋の敷地は300 m²あり、父と同居していたBと同居していなかったCが2分の1ずつで相続することにしました。Cは小規模宅地特例を受けられるでしょうか。この土地家屋は、相続が落ち着いたら売却する予定です。

A　Cは取得者の要件を充足しないので、小規模宅地特例を受けることはできません。

特定居住用宅地は330 m²まで特例が適用できます。相続税の負担を緩和する方策として、居住用宅地をBが取得して、代償金をCに支払うなどの遺産分割をする方法もあります。小規模宅地特例は、無理な相続税対策をしなくても生前の対策ができますし、遺産分割の方法によっても負担を緩和することができます。

⑵ 生計一親族の居住の用に供されていた宅地等

生計一親族の居住用に供されていた宅地等は、その生計一親族の生活基盤を保護する目的で適用されるものです。持家なき親族が取得した場合と異なり、たまたま家族で生活している住宅から離れて生活せざるを得なかったような場合があります。社会共同体の中でもミニマムな共同体である家族を保護する特例であることから、生計一親族が取得した自宅に対して特例が適用できないとすると、制度の趣旨から外れることにもなります。生計一親族が生活していた居住用宅地等は、その生計一親族が取得した場合、特例が適用できます。

生計一親族の居住用宅地等は、その親族が無償で使用していた場合に限ります。家賃を支払っているような場合は、単なる貸付けになりますので特例の適用はできません。

ただし、生計一親族であっても配偶者が取得した場合は特に適用要件は要件がありませんが、その他の生計一親族が取得した場合には居住継続要件及び保有継続要件があります。

居住用宅地を取得した者の区分（条文）	居住継続要件 保有継続要件	内容
配偶者 （措法69の4③2）	居住継続要件	居住継続要件はない
	保有継続要件	保有継続要件はない
生計一親族 （措法69の4③2ハ）	居住継続要件	相続開始前から申告期限まで引き続きその宅地等を自己の居住の用に供していること
	保有継続要件	相続開始から申告期限までその宅地等を所有していること

8 配偶者の要件

⑴ 配偶者が取得した場合

被相続人の居住の用に供していた宅地を配偶者が取得した場合、無条件で適用できます。居住継続要件及び保有継続要件はありません。

配偶者の取得については、非常に緩和されていますが、これは配偶者の生活基盤を保障するための措置です。更に、相続税の計算において配偶者の税額軽減が適用できることから手厚い保護策です。近年は配偶者居住権の創設等、配偶者の保護が強く主張されるようになっています。

⑵　配偶者が相続財産を放棄した場合

居住用財産を取得した者のうち持ち家なき親族が取得した場合、一定の要件があります。この要件の一つに「被相続人の配偶者がいないこと」があります。配偶者が相続放棄した場合であっても配偶者がいることに変わりはないので、居住用宅地等の特例の適用はできません。下記裁決を参照してください。

【裁決　2019年（平成31年）3月29日】

（配偶者が相続放棄し、相続人とならない場合であっても、配偶者がいることに変わりはないとした事例）

請求人は、被相続人の配偶者（被相続人配偶者）であったとしも当該被相続人に係る相続を放棄した者は配偶者には含まれない旨主張し、その理由について、租税特別措置法第69条の4《小規模宅地等についての相続税の課税価格の計算の特例》（本件特例）第3項第2号ロ及び租税特別措置法施行令第40条の2《小規模宅地等についての相続税の課税価格の計算の特例》第11項（本件特例適用規定）は、①被相続人配偶者又は②当該被相続人と同居していた民法第5編第2章の規定による相続人（相続放棄があった場合には、その放棄がなかったものとした場合における相続人）のいる親族を本件特例の適用対象親族から除いており、その文理上、上記②については、相続放棄の効力を排除している一方、被相続人配偶者については、相続放棄の効力が排除されていないことからすると、当該配偶者は、当該被相続人に係る相続を放棄しているため、被相続人配偶者に含まれないと解される旨主張する。

しかしながら、当該主張は、被相続人配偶者は当該被相続人の相続人であることを要することを前提とするものであると解されるところ、本件特例適用規定によれば、上記②については当該被相続人の相続人に限定する（相続の放棄があった場合には、その放棄がなかったものとした場合における相続人）ものであって、被相続人配偶者について当該被相続人の相続人に限定するものではなく、その他、被相続人配偶者について当該被相続人の相続人に限定する旨規定した法令の規定もないことからすると、被相続人配偶者は、当該被相続人の相続人であることを要するものではないと解される。したがって、請求人の主張は、被相続人配偶者とは当該被相続人の相続人であることを要するという前提を欠くことから、採用することができない。

（TAINS　F0-3-686）

9 居住継続要件の判定

相続人等が取得した居住用建物の敷地を、相続開始前及び開始時から申告期限まで居住及び所有していることが要件です。相続人等の中には単身赴任であり、居住用建物には妻と子が居住することもあり得ます。このように相続人等が直に居住していない場合、特例が適用できないとすると特例の本旨を外れることになります。この場合、相続人等が特例の対象となるかどうかは、概ね次のようなポイントを踏まえて判断します。

・その家屋に居住した目的
・家屋の構造や設備の状況からみて家族が居住できる程度のものであるか
・その家屋が相続人等の生活の拠点となりうるものなのか
・単身赴任が解消された場合その家屋で家族と生活することになるか

10 特例対象面積及び加算割合

被相続人又は生計一親族の居住用宅地等が特定居住用宅地等の要件を満たせば、次の面積を限度としてその宅地等の価額の 20 ％を相続税の課税価格に加算します。つまりその宅地等の価額の 80 ％が減額されます。

限度面積	加算価額割合	（減額割合）
330 m^2	20 ％	（80 ％）

11 申告期限までに居住用建物等を建て替えた場合

特定居住用宅地等を取得した次に該当する者が、申告期限までに居住用建物を建て替えた場合であっても特例の適用ができます。第2章 Section 6（申告期限までに事業用建物等を建て替えた場合）の取扱いを準用します（措通69の4-19）。ただし、建て替えることができるのは措置法第69の4第3項第2号イ及びハに該当する者であり、第2号ロに該当する者つまり持ち家なき親族は除かれていることに留意してください。

① 配偶者
② 同居親族
③ 生計一親族

［事例で確認］

CASE 申告期限までに居住用建物等を建て替えた場合

Q 3階建て建物のうち、1階部分を居住用及び2、3階部分を貸付にしていた建物を取得した相続人が、申告期限前に建物を建替えました。建替え後の利用状況は、2階3階部分が居住用、1階が貸付住宅となりました。この場合の特定居住用宅地等の適用は、建替え前の建物の利用状況で判断するのでしょうか。なお、建物は、各フロア同面積です。

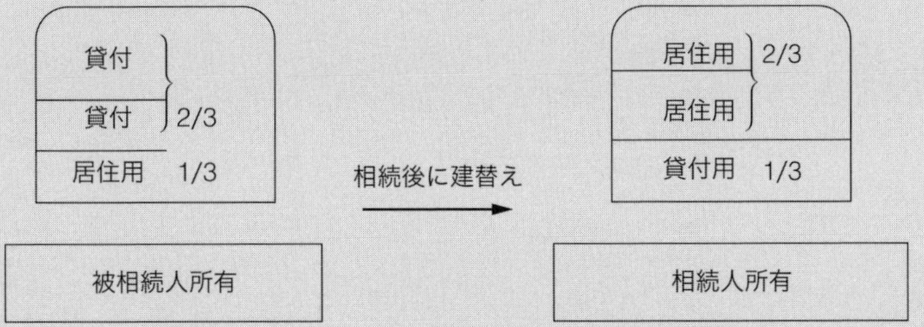

A 相続で取得した居住用建物等を建て替えた場合、この場合の特定居住用宅地として適用できるのは、建替え前の利用状況により判定します。判

定基準は第 2 章 Section 6 を参照してください。

Section 3

居住の用に供されていた宅地等が2以上ある場合

1　住所地

人が生活するうえで住まいは必須ですが、必ずしも1か所とは限りません。生活の形態や仕事の都合等で複数の住まいを活用する人はたくさんいます。複数の住まいを所有していて、どの住まいが本拠地かを判断できない場合もあります。複数の居住用財産を所有することは、通常はあまり問題となりません。しかし行政手続きにおいては、住所を明確にすることが求められており、住民基本台帳法に基づいて住所を登録することとなっています。市町村長は住民に関する事務処理の基本とし、正確な住所を常に記録管理することとなっています。そのため、原則として住所地の判定は住民票によることが最優先となります。しかし、住民票と居住地の実態がかけ離れ、事実上の住所地と公の住所地が異なる生活をする人も多くいます。

2　税務上の居住用財産の適用

税務の上で、居住用財産である土地建物等に関する特例がいくつかあります。所得税では、居住用財産を譲渡した場合の長期譲渡所得の税率の特例（措法31の3）、居住用財産を譲渡した場合の3,000万円控除の特例（措法35①）等譲渡所得の課税の特例、贈与税では配偶者に対する居住用財産を贈与した場合の配偶者控除の特例（相法21の6）、そして相続税における小規模宅地等の特例です。

これらの特例は居住用土地建物等の所有権を相続、贈与又は譲渡により移転した場合に、本来課税されるべき所得や受贈益に対する大幅な減免措置となっています。ただし、居住用財産であることが要件で、居住用財産が複数ある場合は「主として居住の用に供していた財産」しか認められません。税務上の大きな緩和措置であることから、一つに限定されます。複数の居住用財産のうちの一つを選択することではなく、「主として居住の用に供している財産」に対する適用です。選択が認められるとすると、それを不正に適用することが想定されるからです。

3 主として居住の用に供している宅地等

小規模宅地等の特例における居住用宅地等に対する適用についても、被相続人の居住の用に供されていた複数の宅地等を小規模宅地等として減額の対象とすることはできません。特例の本来の趣旨は、相続人の居住の継続を保証する制度です。居住用財産を２つ所有していた事案の特例適用判断について「特例の対象となる「居住の用に供されていた宅地等」は、「主として居住の用に供されていた宅地等」に限られない（福岡高裁平成 21 年 2 月 4 日判決）」として、居住用宅地等を複数所有することは問題とならないとしていました。この事案は事実認定で納税者が敗訴しましたが、平成22年度税制改正において「主として居住の用」に供している宅地だけが適用できるとしました。

なお、1 人の居住の用に供されていた宅地等は 1 か所に限られるというものであり、要件を満たす親族が 2 人以上ある場合などは、限度面積要件の範囲内で合計 2 か所の宅地等が特定居住用宅地等に該当する場合があります。

次の宅地等が適用対象となります（措法 69 の 4 ③二、措令 40 の 2 ⑪）。

居住の用に供していた宅地等が複数ある場合	特例対象宅地等
①　被相続人の居住の用に供されていた宅地等が２以上ある場合	・被相続人が主としてその居住の用に供していた一の宅地等 ・③の場合を除きます

<table>
<tr><td>② 生計一親族の居住の用に供されていた宅地等が２以上ある場合</td><td colspan="2">・生計一親族が主としてその居住の用に供していた一の宅地等
・③の場合を除きます
・生計一親族が２人以上いる場合、親族ごとにそれぞれ主としてその居住の用に供していた一の宅地等</td></tr>
<tr><td rowspan="2">③ 被相続人及び生計一親族の居住の用に供されていた宅地等が２以上ある場合</td><td>イ 被相続人が主としてその居住の用に供していた一の宅地等と生計一親族が主としてその居住の用に供していた一の宅地等とが同一である場合</td><td>・その一の宅地等</td></tr>
<tr><td>ロ イに掲げる場合以外の場合</td><td>・被相続人が主としてその居住の用に供していた一の宅地等及び生計一親族が主としてその居住の用に供していた一の宅地等</td></tr>
</table>

4 複数の居住用財産に適用する場合

(1) 上記表の③ロに該当する場合

被相続人が主としてその居住の用に供していた一の宅地等及び生計一親族が主としてその居住の用に供していた一の宅地等がある場合、適用要件を充足する限り複数の宅地等に適用できます。同一人物が複数の宅地等の上に居住していなければ良しとするということと思われます。

(2) 限度面積

特定居住用宅地等が適用できる面積は330 m^2 です。複数の宅地等を選択して適用する場合であっても合計で330 m^2 までです。当然、宅地等の価額が高い方を優先して適用します。

［事例で確認］

CASE 特定居住用宅地等が２以上ある場合

Q 特定居住用宅地が２以上ある場合の適用関係について教えてください。

A｜被相続人及び生計一親族の居住用宅地が2つある場合の適用パターンには次の通りです。なお被相続人A、生計一親族B及びCとします。

① 被相続人Aに2以上の居住用宅地がある場合

甲宅地
Aの居住用

乙宅地
Aの主たる居住用 ⇒ 乙宅地が特例適用できます

② 被相続人A及び生計一親族Bの主たる居住用宅地が異なる場合

甲宅地
Aの主たる居住用 ⇒ 甲宅地が特例適用できます

乙宅地
Bの主たる居住用 ⇒ 乙宅地が特例適用できます

丙宅地
Bの居住用

③ 被相続人A及び生計一親族Bの主たる居住用宅地が同じ場合

甲宅地
Aの居住用

乙宅地
A、Bの主たる居住用 ⇒ 乙宅地が特例適用できます

丙宅地
Bの居住用

④ 複数の生計一親族に2以上の居住用宅地がある場合

甲宅地
Bの主たる居住用 ⇒ Bは甲宅地が特例適用できます

乙宅地
Cの主たる居住用 ⇒ Cは乙宅地が特例適用できます

Section 4

2世帯住宅の場合の取扱い

1 2世帯住宅の場合の従前の取扱い

被相続人が高齢の場合、子ら親族が近接して居住することが望ましく、特に地価が高騰する都市部及びその近郊は家屋の建替えを機として2世帯住宅とすることが多くあります。

2世帯住宅には様々な形態があります。一般的には、玄関を共用し2世帯が混在する「同居型」、建物の1、2階を全く別個にして2階は外階段を利用する「分離型」及び玄関は一緒だが、内部では分離区分された「併用型」などがあります。どちらにしても、被相続人の現在及び将来の生活の補助を目的としています。

従前は、分離型のような外階段がある建物については、被相続人の居住用以外の部分に対応する土地等は、一部例外を除いて小規模宅地等の特例は適用できませんでした。また、併用型の建物については、内部構造により特例の適用判断が異なる事例がありました。納税者にとって非常に分かりにくく、税理士にとっても難しい判断を迫られ、リスクが大きな取扱いでもありました。

2 2013年（平成25年）の改正

2013年（平成25年）の改正において、同じ2世帯住宅にもかかわらず建物の構造によって取扱いが異なる不合理が解消されました。2世帯住宅であれば、内部の行き来の有無にかかわらず、建物全体を2世帯が同居しているものとみなし、特例の適用を法令上明確化しました。実態に即し、納税者感情に沿った改正ではあります。

具体的には、同居要件について

「親族が相続開始の直前において宅地等の上に存する被相続人の居住の用に供されていた1棟の建物（被相続人、被相続人の配偶者又は親族の居住の用に供されていた部分として政令で定める部分に限る。）に居住していた者であって、相続開始時から申告期限まで引き続きその宅地等を有し、かつ、その建物に居住していること。」（措法69の4③二イ）

とされました。

構造上区分のある建物についても、区分所有登記されたものでない建物の場合、適用できることとなりました。

3　1棟の建物

(1)　被相続人の居住の用に供されていた1棟の建物

特定居住用宅地等の特例が適用できるのは、被相続人の居住の用に供されていた1棟の建物に居住していた者です（措法69の4③二イ）。ここで問題となるのは、1棟の建物とは何かです。通常、登記の対象となる建物1つのことをいいます。戸建て住宅だけではなく賃貸アパートや区分所有マンション全体のことを指します。

(2)　区分所有建物

1棟の建物の全体を居住用として使用している場合、特例の適用についてあまり問題となりません。また、マンションの1室に居住している場合も、その建物部分に応ずる敷地についても問題となりません。

措置法令第40条の2第13項において、1棟の建物のうち建物の区分所有等に関する法律（以下「区分所有法」といいます。）第1条の規定に該当する建物を除くとしています。区分所有法第1条では「1棟の建物に構造上区分された数個の部分で独立して住居、店舗、事務所又は倉庫その他建物としての用途に供することができるものがあるときは、その各部分は、この法律の定めるところにより、それぞれ所有権の目的とすることができる。」と規定しています。

つまり、特例の対象となる建物とは「1棟の建物」でありますが、独立部分を所有権の目的とすることができる区分所有できる建物は除かれます。

なお、区分所有法第1条の規定に該当する建物とは、区分所有建物である旨の登記がされている建物をいいます（措法69の4-7の4）。

⑶ 建物の基本的な区分

措置法第69条の4第3項第2号イで規定している「被相続人、被相続人の配偶者又は親族の居住の用に供されていた部分として政令で定める部分に限る。」の政令で定める部分とは次の部分をいいます。区分所有となっていない1棟の建物であれば部屋数は問われません。被相続人と親族が居住している部屋に相当する敷地の部分が適用対象です（措令40の2⑬）。

建物の区分	特例が適用できる部分	留意点
① 1棟の建物が建物の区分所有等に関する法律第1条の規定に該当する建物	・被相続人の居住の用に供されていた部分	被相続人に限定されています。
② ①以外の建物	・被相続人又は被相続人の親族の居住の用に供されていた部分	親族には生計一要件はありません。

4 区分所有されている2世帯住宅の場合

区分所有建物のイメージはマンションでしょう。例えば、被相続人が3階の305号室に居住し、親族が8階の802号室に居住しているような場合、居住用部分を区分所有している305号室は適用できますが、802号室は適用対象から外れるということです。このような区分所有による所有形態は「2世帯住宅」とはいえないでしょう。

しかし、一般的な2階建て住宅であっても1階部分と2階部分を区分して登記することができます。この場合も区分所有となります。近年は地価高騰と相まって親の土地の上に親及び子が土地の使用貸借で居住建物を建築する事例がよく見受けられます。お互いに過干渉とならないよう、建物の1、2階部分を区分所有登記するようなケースです。住宅ローンやプライバシーの保護の関係で区分所有登記をすることも多くあります。このような区分所有された住宅は、それぞれ別の建物とみなし、被相続人が居住していた建物の敷地部分のみが特例の対象となります。区分登記されていても実質的に行き来できる建物であれば全体が特例適用できるのではないかとの意見がありますが、区分登記された建物を除外した改正の意味がありません。事前の相談には十分配意してアドバイスをする必要があります。

5　区分所有されていない２世帯住宅の場合

1階及び2階部分を親（被相続人）と子（相続人）とで生活する2世帯住宅であっても、建物全体が被相続人所有もしくは被相続人と親族が共有となっているような場合、その建物の敷地全体が居住用として特例の対象となります。居住する部分は異なれど、付かず離れず、1棟の建物に居住することは全員が同居しているものと考えるのが合理的であり、国民感情からも納得できる考え方です。

［事例で確認］

CASE　２世帯住宅の適用パターン

Q｜被相続人A及び配偶者Bは2世帯住宅の1階に居住し、子Cが2階に居住していました。敷地（200 m^2）はAが所有しています。この事例において所有権の相違により、どのように適用関係が異なりますか。宅地はB及びCが2分の1ずつ取得します。

A｜建物が区分所有である場合と共有の場合の適用は次の通りです。

①　建物1階をA、2階をCが区分所有している場合

A及びCはそれぞれ居住している部分に所有権があります。CはAの相続開始の直前においてAの居住の用に供されていた1棟の建物に居住していた者になりません。Aの居住用部分に対応する敷地を取得しても特例の適用はできませんし、Cの所有部分に対応する敷地はAの居住用とならないため特例の適用ができません。使用貸借制度が浸透していることから、被相続人の土地の積極的な活用策の一つとして業者のセールスポイントとなってもいました。残念なことに、裏目に出たことになります。費用の負担が生じますが、区分建物合併登記により共有名義にすることを検討します。

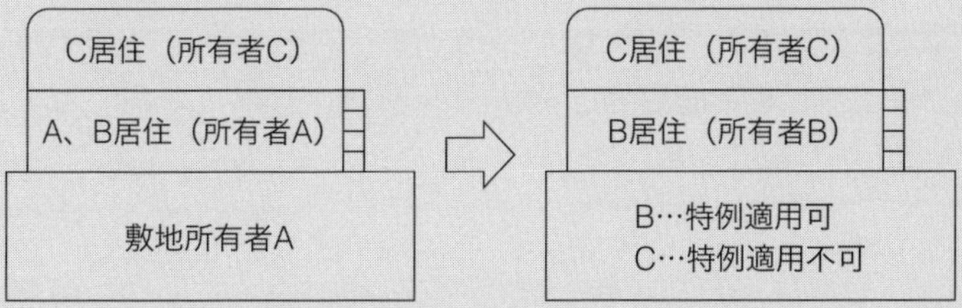

②　建物全体をAが所有している場合

建物全体をAが所有し、1階にA及びBが居住し、2階に別生計のCが居住しています。

建物は区分所有登記されていないことからCの居住用部分も特例対象宅地等に該当します。建物及び宅地等をB及びCが1/2ずつ取得した場合、宅地全体が特例対象となるので、各自の取得した持分割合相当部分が特例の対象となります。

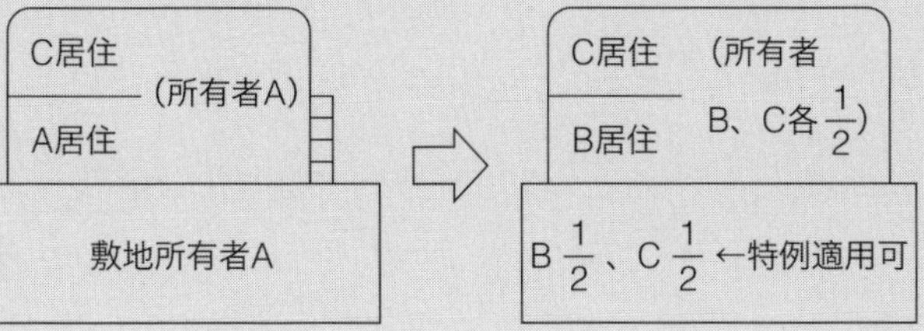

③　建物部分をA及びBが共有している場合

建物が区分所有でないため、その敷地はCの居住用部分を含めてAの居住の用に供されていた建物の敷地の用に供されていたことになります。

敷地全体がAの居住用宅地等です。Cは親族であればよく、生計を一の要件はありません。

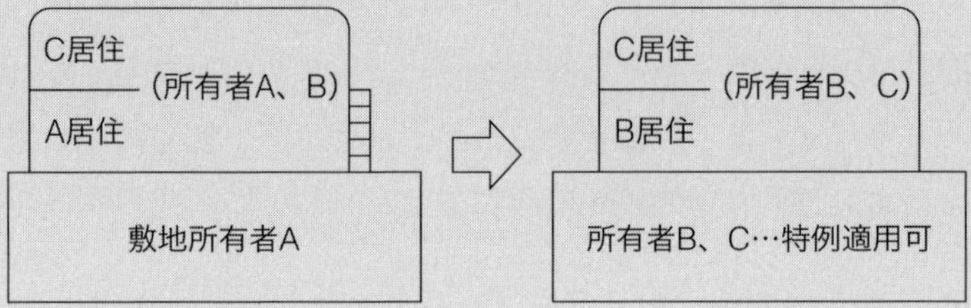

Section 5

相続開始時に居住用家屋が空室等であった場合

1　一時的空室の場合

居住用宅地等に係る小規模宅地等の特例は、被相続人がその住宅に入居し生計を営んでいることが要件です。しかし、生活するうえで様々な場所に一時的に移動することはごく普通のことです。相続開始直前にたまたま被相続人が生活している建物にいなかったからといって、その建物が被相続人が居住用でないということにはなりません。空室にしていた頻度、期間について特に定められているわけではなく、社会常識として捉えます。

2　入院加療中の場合

病気加療のため、自宅を離れ入院し、そのまま亡くなることもあります。むしろ自宅以外で亡くなる人がほとんどでしょう。令和2年中に亡くなった方137万人のうち自宅で亡くなった方は216千人で約16％です（厚生労働省厚生統計要覧（令和3年度）第1編人口・世帯第2章人口動態）。不慮の事故もあるでしょうが、大半は病院で加療中に亡くなっています。

入院前まで居住していた建物で、相続開始直前まで空家となっていたとしても、退院後は従前どおり居住の用に供することができる状況にあるような場合、一時的なものと認められます。入院期間の長短は特に問題となりません。ただし、その建物が入院後他の用途に供されたような場合は、特例の適用が難しくなるでしょう。

3 単身赴任中の場合

被相続人と同居していた相続人が、申告期限において単身赴任中である場合、特例適用要件の判断は悩ましいですが、単身赴任が解消した場合にその家屋に戻り居住することが想定されるような場合、相続開始の直前から申告書の提出期限まで取得者の居住の用に供していた家屋に該当するものとして特例の適用ができます。夫婦及び子は同居が当然ですが、勤務の内容によっては単身赴任を求められるのが企業の常態です。特殊事情である単身赴任が解消されれば、元の家屋に起居することが十分に想定されるような相続人に対し、たまたま単身赴任であったために特例が適用できないとなると、相続人にとって酷であるばかりでなく、特例の本来の趣旨を逸脱することにもなります。

Section 6

老人ホーム等に入所していた場合の取扱い

1 被相続人の居住の用の従前の取扱いと改正

(1) 従前の取扱い

特定居住用宅地等は「被相続人等の居住の用に供されていた宅地等で、一定の要件を満たす被相続人の親族が相続等により取得した宅地等」(措法69の4③2) のことをいいます。被相続人が「相続開始の直前」において居住の用に供していた宅地等が適用対象であることが原則です。老人ホーム等に入居しているときに相続が開始した場合、その老人ホームが相続開始の直前に居住の用に供していることになります。老人ホームに入所する直前まで居住していた宅地等は、居住の用に供しているとはいえず特例の対象外です。しかし加齢とともに介護が必要となり、独居が困難となります。必然的に自宅を離れ、介護施設に入居することとなります。

従前は、国税庁タックスアンサーなどで次の要件を満たした老人ホーム等であれば適用できる旨公表していました。

イ 被相続人の身体又は精神上の理由により介護を受ける必要があるため、老人ホームに入所することとなったものと認められること

ロ 被相続人が、いつでも生活できるようその建物の維持管理が行われていること

ハ 入所後新たに建物を他の者の居住の用、その他の用に供していたことがないこと

ニ　被相続人が入所していた老人ホームは、被相続人が入所するために被相続人又はその親族によって所有権又は終身利用権が取得されていないこと

これらの要件は、法律や通達によるものではありませんでしたが、適用するための大きな基準となっていました。しかし、とりわけニの要件は、首をかしげるくらいの厳しさでした。特別養護老人ホームに入所を希望しても待機期間が長いため、やむを得ず終身利用権を取得した場合には適用できないなど、被相続人のために良かれと思って行った行為が、裏目に出るという状況でした。終身利用権付きだからと言って終身利用する義務はなく、介護のためにやむなく入所せざるを得ない状況にあるとしても、従来からの同居親族が居住継続する場合や被相続人の部屋及び生活用具そのまま残っているとしても被相続人の自宅とはみなされませんでした。また、老人ホーム等に対する所有権がある場合や終身利用契約の老人ホームでは適用できないとして特例の適用を否認される裁決（平成20年10月2日、平成22年6月11日各裁決ほか）が続出し、老人ホームに入所したら特例が使えないかもしれないという風評と相まって、不安定かつ社会感覚からずれた取扱いとなってしまいました。

⑵　2013年（平成25年）の改正

上記の不都合を解消すべく、2013年（平成25年）の改正により、一定の要件の下、介護のため老人ホームに入居中であり、被相続人の居住の用に供していない自宅であっても適用できることを法令上明確にしました。

具体的には、措置法第69条の4第1項の居住の用のかっこ書きにおいて次の通り規定しています。

「居住の用に供することができない事由として政令で定める事由により、相続の開始の直前において被相続人の居住の用に供されていなかった場合（政令で定める用途に供されている場合を除く。）における事由により居住の用に供されなくなる直前の被相続人の居住の用を含む。」

2 老人ホーム等に入所していた場合の被相続人の居住の用の要件

⑴ 自宅を居住の用に供することができないとは

身体不自由となる等で自宅に居住することがままならない状況に陥った場合、老人ホーム等へ入所し被介護者としての生活を余儀なくされます。このような状況で相続が開始すると、居住用家屋の敷地が相続開始の直前に被相続人の居住の用に供されていないことになりますが、「居住の用に供することができない事由として政令で定める事由」により相続の開始の直前において被相続人の居住の用に供されていなかった場合は、特例的に居住用財産と取り扱うことができます（措法69の4①）。ただし、一定の場合は除かれます（⑶を参照してください）。

⑵ 「居住の用に供することができない事由として政令で定める事由」

居住の用に供することができない政令で定める事由は、次に掲げる①又は②の施設（以下「老人ホーム等」といいます。）に入居していた場合のことです（措令40の2②）。

① 介護保険法第19条第1項に規定する要介護認定又は同条第2項に規定する要支援認定を受けていた被相続人その他これに類する被相続人として財務省令で定めるものが次に掲げる住居又は施設に入居又は入所をしていたこと。

イ 老人福祉法に規定する次に掲げる施設（カッコ内は老人福祉法の条文）

- 認知症対応型老人共同生活援助事業が行われる住居（5の2⑥）
- 養護老人ホーム（20の4）
- 特別養護老人ホーム（20の5）
- 軽費老人ホーム（20の6）
- 有料老人ホーム（29①）

ロ 介護保険法に規定する次に掲げる施設

- 介護老人保健施設（介護保険法8㉘）
- 介護医療院（介護保険法8㉙）

ハ　高齢者の居住の安定確保に関する法律第5条第1項に規定するサービス付き高齢者向け住宅（イの有料老人ホームを除きます。）

② 障害者の日常生活及び社会生活を総合的に支援するための法律第21条第1項（以下「障害者支援法」といいます。）に規定する障害支援区分の認定を受けていた被相続人が、次の施設に入所又は入居をしていたこと。

・障害者支援施設（障害者支援法5⑪、同条第10項に規定する施設入所支援が行われるものに限ります。）

・共同生活援助を行う住居（障害者支援法5⑰）

⑶　老人ホーム等に入所した後の家屋を転用した場合

被相続人が老人ホーム等に入所し、特例適用要件を満たしていたとしても、その家屋を次の用途に供されている場合、特例の適用ができません（措法69の4①、措令40の2③）。老人ホーム等に入所し、空となった家屋を他の用途に転用すれば、被相続人が戻ることを想定していないことになり、その家屋の居住継続可能性を保護する必要がなくなるからです。

① 事業の用

② 被相続人等以外の者の居住の用

ただし、被相続人と入居又は入所の直前において生計を一にし、かつ、建物に引き続き居住している被相続人の親族の居住の用は除かれます。被相続人の配偶者又は親族がおり、そのまま居住していることを想定しています。

⑷　判定の時期

小規模宅地等の特例は、いずれの特例も「相続開始直前」の状況で判定します。老人ホーム等へ入居している場合、相続開始の直前では居住していないことになりますので、居住の用に供されなくなる直前で判定します（措法69の4①）。

3　要介護・要支援認定等の判断の時期

(1)　相続開始直前に要介護認定を受けていた場合

被相続人の居住の用に供することができない事由として、措置法施行令第40条の2第2項では「介護保険法第19条第1項に規定する要介護認定又は同条第2項に規定する要支援認定を受けていた被相続人…が入所していた」と規定されていることから、要介護等認定前に老人ホーム等に入居する場合は不適用ともとれます。

しかし、被相続人が、要介護等認定若しくは要支援認定又は同項第2号に規定する障害支援区分の認定（以下「要介護等認定」といいます。）は、被相続人の相続の開始の直前において認定を受けていたかにより判定します（措通69の4-7の3)。そのため、老人ホーム等への入居又は入所する前に要介護等認定を受ける必要はないことに留意します。

(2)　要介護等認定の申請中の場合

要介護等認定を受けようとする被保険者は、厚生労働省令で定めるところにより、申請書に被保険者証を添付して市町村に申請をしなければなりません。そして、市町村は申請があったときは、職員に申請に係る被保険者に面接させ、心身の状況、置かれている環境その他厚生労働省令で定める事項について調査をさせ、その結果を踏まえ認定審査会に審査及び判定を求めます。認定審査会の判定の結果を市町村に通知し、市町村は要介護認定にかかる被保険者に通知します。要介護認定は、その申請のあった日にさかのぼってその効力を生じます（介護保険法27②から⑧)。

老人ホームに入所していた被相続人が要介護等認定の申請中に相続が開始し、相続開始の日以後に要介護等認定があったときには、要介護等認定はその申請のあった日に遡ってその効力が生ずることとなることから、相続の開始の直前において要介護等認定を受けていた者に該当します。

4 相続財産を譲渡した場合の特別控除の特例を適用する場合の判断との相違

⑴ 相続財産を譲渡した場合の特別控除の特例（措法35③）

措置法第35条第3項、いわゆる相続財産を譲渡した場合の3,000万円控除の特例は、被相続人が要介護等認定を受けて老人ホーム等へ入居して空き家となっている家屋及びその敷地等を譲渡した場合でも適用できます。この場合の認定の時期は「居住の用に供されなくなる直前において、当該被相続人がこれらの認定を受けていたかにより判定する」となっています（措通35-9の2）。

⑵ 老人ホーム等へ入居している場合の判断基準の相違

被相続人が老人ホーム等に入居し、その後相続開始があり、相続した家屋等を譲渡した場合の特例適用の判断基準は次の通り異なることに留意します。

特例	特例適用可否の判断の時期	措置法通達
小規模宅地等の特例	相続の開始の直前において当該認定を受けていたかにより判定する	69の4-7の3
相続財産の3,000万円控除の特例	被相続人の居住の用に供されなくなる直前において、当該被相続人がこれらの認定を受けていたかにより判定する	35-9の2

⑶ 適用事例

被相続人の介護が必要となり、老人ホーム等に入所する場合、要介護等認定を入所前に受けることにより、両特例が適用できます。

［事例で確認］

CASE 1 要介護認定を受けた後に老人ホームに入所した場合

Q 父の相続にあたって次の経緯がありました。この場合の、小規模宅地

特例及び相続財産の 3,000 万円控除の特例の適否について、どのようにな
るでしょうか。

・X0 年 2 月 1 日　要介護認定を受ける
・X0 年 3 月 1 日　老人ホームに入所
・X0 年 10 月 1 日　相続開始
・X0 年 12 月 1 日　被相続人の自宅を譲渡

A 老人ホームに入所する前に要介護認定を受けていることから、小規模宅地特例が適用できます。また、その宅地を譲渡した場合、相続財産の 3,000 万円控除の特例が適用できます。

CASE 2 老人ホームに入所した後に要介護認定を受けた場合

Q 父の相続にあたって次の経緯がありました。この場合の、小規模宅地特例及び相続財産の 3,000 万円控除の特例の適否について、どのようになるでしょうか。

・X0 年 3 月 1 日　老人ホームに入所
・X0 年 6 月 1 日　要介護認定を受ける
・X0 年 10 月 1 日　相続開始
・X0 年 12 月 1 日　被相続人の自宅を譲渡

A 老人ホームに入所した後に要介護認定を受けていることから、小規模宅地特例が適用できます。しかし、その宅地を譲渡した場合、相続財産の 3,000 万円控除の特例が適用できません。

5　居住用宅地等の要件及び家屋の所有者

(1)　被相続人の居住の用に供されていた宅地等とは

老人ホーム等へ入所していた場合、居住用家屋等は相続開始直前では居住の用に供されていないことは明らかです。このような場合に特例の適用ができないとすると、税負担が重いだけではなく、国民感情からも納得できるものではありません。そこで、老人ホーム等への入居等の事由（措令 40 の 2 ②）により、

被相続人の居住の用に供されなくなる直前まで居住の用に供されていた次の家屋の敷地の用に供されていた宅地等については居住用宅地等として取り扱うこととなっています（措通69の4-7(2)）。

家屋の所有者	被相続人
	被相続人の親族

⑵　被相続人が所有していた家屋

被相続人の居住の用に供されなくなった後、事業の用又は新たに被相続人等以外の者の居住の用に供された家屋は除きます。

⑶　親族が所有している家屋

家屋を所有していた被相続人の親族がその家屋の敷地を被相続人から無償で借り受けており、かつ、被相続人がその家屋を親族から借り受けていた場合には、無償で借り受けていたときに限ります。

被相続人の居住の用に供されなくなった後、事業の用又は新たに被相続人等以外の者の居住の用に供された家屋は除きます。

⑷　1棟の建物である場合

宅地等のうちに被相続人等の居住の用以外の用に供されていた部分があるときは、被相続人等の居住の用に供されていた部分に限られます。ただし、居住の用に供されていた部分が、被相続人の居住の用に供されていた1棟の建物（区分所有法第1条の規定に該当する建物を除きます。）である場合には、その1棟の建物の敷地の用に供されていた宅地等のうち被相続人の親族の居住の用に供されていた部分が含まれます（措通69の4-7（注））。

［事例で確認］

CASE 1 老人ホームに入所後、自宅に生計別の長男が居住した場合

Q 相続開始前2年前に、被相続人が独居で生活することが困難で、介護が必要であることから、老人ホームに入居しました。その後、被相続人の自宅の管理及び防犯上の理由から長男夫婦が転居していました。長男夫婦は被相続人とは生計を別にしています。相続により自宅を長男が取得することになりましたが、小規模宅地等の特例が適用できるでしょうか。

A 被相続人が一定の要件に該当する老人ホーム等に入所し、要介護認定等を受けていた場合、居住の用に供されなくなった家屋の敷地については、特例の適用を受けることができます。しかし、居住の用に供されなくなった家屋はそのままの状態で保全されることが求められます。生計を別にする長男が居住した場合、その家屋を転用したこととなり、特例の対象から外れます。有償無償にかかわらず第三者に貸与したことになるからです。

生計を一にしている配偶者がその家屋に居住し、配偶者の世話をするために長男夫婦が同居したような場合、特例の対象となります。

CASE 2 所有者として居住していなかった場合

Q 被相続人Aは介護の必要があることから、有料老人ホームに入所していました。同時期に配偶者Bも老人ホームに入所しており、Bが先に死亡し、かつて居住の用に供していたB所有の建物及び敷地（以下「宅地」といいます。）をAが相続しました。その後Aが死亡し、宅地は子Cが相続しました。Cが取得した宅地は小規模宅地等の特例が適用できるでしょうか。なお、A及びCは特例適用要件を満たしています。

A A及びBの夫婦が同時期に老人ホームに入所して、Bから相続を受けた宅地はAが所有者として居住したことがないため、小規模宅地等の特例の判断に迷うところです。相続開始の直前において被相続人の居住の用に供されていなかった宅地等についての特例対象宅地等の判断は、被相続人が有料老人ホーム等に入居等して居住の用に供されなくなった直前の利用

状況で判定することとされています。被相続人が宅地等を所有していたか否かについては、法令上特段の規定は設けられていません。したがって、本件宅地は被相続人Ａが老人ホームに入居し居住の用に供されなくなった直前に、Ａの居住の用に供されていたものであることから、特例の対象となる宅地等に該当します。

（国税庁文書回答事例（平成30年12月7日）を参照）

Section 7

相続開始前3年以内の持家要件

1 持家に居住していない者が取得した居住用宅地等に対する従前の取扱い

(1) 持家なき親族に対する従前の取扱い

特定居住用財産に対する課税価額の減額措置は、その家に居住しているだけで相続税を負担することの納税者感情を考慮して構築されたものです。民法の親族・相続の考え方は家族単位で、しかも配偶者及び直系が相続することを原則としています。基本的に配偶者がいれば配偶者が取得して居住するでしょうし、同居している子が取得しても同様に居住を継続するでしょう。しかし、近年のように人の動きが流動的になっている時代では、子が単身赴任等でたまたま相続時に同居していないことも想定されます。同居していれば相続税が緩和され、たまたま同居していなかった場合に、緩和されないという運任せの特例では、相続人にとって大変酷なことになります。また、それを見越して対策を講じることも負担が大きくなります。そのため、相続開始前3年以内に持家なき親族が取得した居住用宅地等は特例の適用を受けることができました。親族の範囲は結構広いですが、一般的に被相続人の子が想定されます。相続開始時に持家に居住していない親族が居住用宅地等を取得した場合、先行きその宅地等に居住することが期待されることから、税負担を軽減する措置を講じたものです。

ところが近年、持家があり安定した生活を送っている子ら（親族）が、特定居住用宅地等の特例の適用を受ける目的で持家を手放す事例が頻発するようになりました。親族が資産管理会社を設立し、その会社に持家を譲渡して社宅として居住する、親族の子や孫等に建物を贈与する等、所有権を手放してはいるが実質的な生活環境を変えずに3年が経過するのを待つ等、いわゆる「持家なき親族」を創出して小規模宅地等の特例を適用する事例です。また、その要件が簡便であることから相続税対策セミナーの目玉として喧伝されました。そのスキームを知っているか否かで相続税の負担が大きく異なり、課税の公平性が失われる事態となっていました。

子を中心に解説しましたが、持家なき親族が相続すれば適用できます。一般的には被相続人の兄弟姉妹及び甥姪です。

⑵　要件の改正

⑴の不都合を解消すべく、2018年（平成30年）の税制改正により、相続開始前3年以内に一定の家屋に居住したことがある者を除外することになりました。2018年（平成30年）4月1日以後の相続に適用されました。

2　持家なき親族が取得した場合の要件

⑴　取得者の要件

31ページの特例適用一覧表のうち被相続人の居住用宅地等を取得した者のうち「配偶者」又は「被相続人の居住の用に供されていた1棟の建物に居住していた親族」以外の親族が取得した場合の要件は次の通りです（措法69の4③二ロ）。

このうち④及び⑤の部分に強い歯止めをかけられていますので、十分注意します。

①　無制限納税義務者又は制限納税義務者のうち日本国籍を有する者であること（措規23の3④、相法1の3①1、2、②）

②　被相続人に配偶者がいないこと

③　相続開始の直前に被相続人の居住用家屋に居住していた親族がいないこと

この場合における親族とは次の者をいうことに留意します。

イ　親族とは、民法の規定による相続人のことをいいます（措令40の2⑭）。

ロ　その親族が相続の放棄をしていたとしても、その放棄がなかったものとした場合の親族のことをいいます（措令40の2⑭）。

ハ　親族とは、相続の開始の直前にその家屋で被相続人と共に起居していた者をいいます。居住の用に供されていた家屋については、被相続人が1棟の建物でその構造上区分された数個の部分の各部分を独立して住居その他の用途に供することができるものの独立部分の一に居住していたときは、その独立部分に同居していたことをいいます（措通69の4-21）。

④　相続開始前3年以内に、日本国内にある親族（取得者）が所有する家屋に居住したことがないこと

イ　親族が所有する家屋だけではなく、次の者が所有する家屋に居住していた場合であっても、特例の適用はできません。

・その親族の配偶者 ・その親族の3親等内の親族 ・その親族と特別の関係がある一定の法人

ロ　親族関係や法人との関係は「相続の開始の直前」で判断します（措通69の4-22）。相続開始前3年以内に離婚や会社の譲渡等があった場合など判断に迷いそうですが、あくまでも相続開始の直前で判断することになっています。合理的な取扱いですが、抜け穴にならないか危惧されます。

ハ　ここでいう家屋は、相続開始の直前において被相続人の居住の用に供されていた家屋を除きます（措法69の4③二ロ⑴カッコ書き）。

⑤　相続開始時にその親族が居住している家屋を、相続開始前のいずれの時においても所有していたことがないこと

④及び⑤は要件として重複している部分がありますが、これは、④の要件だけでは、規定されている者に類似する者が相続した場合（家屋を親族等以

外の関係者に譲渡する場合等）には対応できず、逆に⑤の要件だけでは孫に遺贈するような場合には対応できないことから、両方の要件が定められているものです（「平成30年度版改正税法のすべて」より）。

⑤の要件により、居住用宅地を信頼できる友人又は出資割合が低い法人に譲渡する等、仮装された持家なき親族が封じられることになりました。

⑥　その宅地等を相続開始時から申告期限まで所有していること

⑵　「その親族と特別の関係がある一定の法人」とは

⑴④にある、その親族と特別の関係がある一定の法人とは、次の①から④に該当する法人をいいます（措令40の2⑮）。

①　親族及び次のイからヘまでに掲げる者（以下「親族等」といいます。）が法人の発行済株式又は出資（以下「株式等」といいます。）の総数又は総額（以下「発行済株式総数等」といいます。）の10分の5を超える数又は金額の株式等を有する場合におけるその法人。この場合の株式等は自己の株式又は出資を除きます。

イ　その親族の配偶者

ロ　その親族の3親等内の親族

ハ　その親族と婚姻の届出をしていないが事実上婚姻関係と同様の事情にある者

ニ　その親族の使用人

ホ　イからニまでに掲げる者以外の者でその親族から受けた金銭その他の資産によって生計を維持しているもの

ヘ　ハからホまでに掲げる者と生計を一にするこれらの者の配偶者又は3親等内の親族

②　親族等及び①に掲げる法人が他の法人の発行済株式総数等の10分の5を超える数又は金額の株式等を有する場合における、その他の法人

③　親族等並びに①及び②に掲げる法人が、他の法人の発行済株式総数等の10分の5を超える数又は金額の株式等を有する場合における、その他の法人

④　親族等が理事、監事、評議員その他これらの者に準ずるものとなっている、持分の定めのない法人

［事例で確認］

CASE 1　配偶者が相続放棄した場合

Q　父が死亡したので、遺産分割により父母が生活していた自宅を子Aが取得しました。Aは5年以上前から借家住まいであるので、持家なき親族に該当するので、母親が相続放棄したら特例が適用できるでしょうか。

A　配偶者が相続放棄している場合であっても、相続財産の取得を放棄したのであって、配偶者としての地位がなくなるわけではありません（2019年（平成31年）3月29日　裁決）。被相続人に配偶者がいるため、持家なき親族には該当しません。

CASE 2　親族（取得者）の３親等内の親族の所有する家屋に居住していた場合

Q　死亡した父の居住用宅地について小規模宅地等の特例を適用したいと考えています。子Aは、父が所有する特例対象宅地上の家屋以外の家屋に居住していました。子Bは、大学に通うために、大学所在地に近い叔母の家に居住していました。

A　Aは、居住用家屋を取得した親族の3親等内の親族（つまり父）が所有する家屋に居住していたことになるから、特例の適用はできません。Bは、3親等内の親族（叔父、叔母等）の家屋に居住しているため、やはり特例の適用はできません。

CASE 3　過去に一度でも居住用家屋を所有していた場合

Q　父の居住していた土地建物を、子A及び子Bが取得しました。Aは、従兄弟が所有している家屋に居住していましたが、その家屋はかつてAが所有して居住したことがありました。Bは、居住用家屋をBが経営する法

人に譲渡し、社宅としてそのまま居住していました。A及びBは特定居住用宅地等の特例を適用できるでしょうか。

A｜ A及びBともに、過去に自己の所有する家屋に居住していたことがあるため、小規模宅地特例の適用はできません。居住用家屋を知人又は法人に譲渡し、借家としてそのまま居住しているという、あり得る事例です。一般的には同族会社が考えられますが、同族会社ではなくても家賃を支払って居住するケースがあります。

CASE 4 過去に居住用家屋を所有していたが、被相続人と同居する家屋であった場合

Q｜ 被相続人A及び相続人Bは共有の家屋に同居していましたが、Bは相続開始2年前に転居し借家に居住していました。その後、Aに相続が開始し、Bが家屋及びその敷地を相続しました。この場合、家屋の敷地について特定居住用宅地等の特例の適用を受けることができますか。

A｜ 特例は相続開始前3年以内に日本国内にある親族（取得者）、親族の配偶者、親族の3親等内の親族又は親族と特別の関係がある一定の法人が所有する家屋に居住したことがないことが要件です。BはAの居住用家屋を所有していましたが、租税特別措置法第69条の4第3項のカッコ書きの「(相続開始の直前において被相続人の居住の用に供されていた家屋を除きます。)」に該当し、特例の適用を受けることができます。

CASE 5 相続人が海外に居住用家屋を所有していた場合

Q｜ 被相続人Aの相続人はBです。日本国籍を有していますが生活の拠点は米国です。相続開始時には日本に住所は有していません。Bは米国の住まいは夫婦の共有（Joint tenancy）です。年に2〜3回ほど帰国しAの世話をしていました。Bは日本国内に不動産を所有していません。過去においても日本国内に不動産を所有したことはありません。この場合、Aの居住していた宅地について、特定居住用宅地等の特例を適用できるでしょうか。

A｜ 持家なき親族が取得した場合の特例の適用要件は本文のとおりです。

他の要件は満たしているようなので、次の2点の検討が必要です。

① 相続開始前3年以内に日本国内にある親族、親族の配偶者、親族の三親等内の親族又は取得者と特別の関係がある一定の法人が所有する家屋に居住したことがないこと

② 相続開始時にその親族が居住している家屋を、相続開始前のいずれの時においても所有していたことがないこと

Qの事案を上記の要件に当てはめて検討すると、①の相続開始前3年以内に居住する家屋は「日本国内にある家屋」でなければいいです。Bは日本国内にある親族等の家屋に居住していないことから、要件に該当します。しかし②の要件は「相続開始時にその親族が居住している家屋を、相続開始前のいずれの時においても所有していたことがないこと」となっています。ここは「日本国内にある家屋」の要件が付されていません。

よって②の要件について、日本国外であってもBが所有する家屋に居住していれば非該当となります。事実Bは米国に不動産を所有していますので、小規模宅地等の特例は適用できないことになります。

3 実務判断

配偶者又は同居親族以外の親族が居住用宅地等を取得し特例の適用を受ける場合、過去の居住事実を念入りに確認する必要があります。特に法人所有の建物に居住していた場合、確認漏れとなる可能性があります。

本来は仮装売買等の封じ込めのための規定ですが、現実には適用できないケースも多くあると想定されます。特例対象宅地等を取得したその他の親族の過去の居住用財産の所有状況を確実に聞き取る必要があります。特例適用のための、過分な手続きが増えたことになります。

Section 8

居住用建物の建築中等に相続が開始した場合

1　居住用建物を建築中等に相続が開始した場合

特定居住用宅地等の要件は、相続開始の直前において被相続人等の居住の用に供していた建物の敷地であることです。居住用建物を建て替えている最中に相続が開始することは十分想定できます。この場合、相続開始直前に居住の用に供していないことは明らかですが、特例の適用ができないとなると特例本来の趣旨から外れることと、相続人等にとって酷な取り扱いとなります。そこで次の取扱いをすることとなっています。事業用建物が建築中であった場合の取扱い（措通69の4-5）を準用しています。

2　居住用建物を建築中等に相続が開始した場合の取扱い

居住用建物が建築中である場合の要件を満たすことにより、特例の適用が認められます（措通69の4-8）。

(1)　居住用建物を建築中等とは

居住用建物を建築中等とは、移転又は建替えのため相続開始の時に次の状態にあることを言います。

イ　旧建物が、次の①又は②の状態にあること

①　建物を取り壊した

②　建物を譲渡した

ロ　新しい建物が、次の①又は②の状態にあること

①　上記イに代わる建物を建築中である

②　上記イに代わる建物を取得したが、被相続人等が居住の用に供する前に相続が開始した

⑵　建物の所有者

建築中の建物の所有者は被相続人又は被相続人の親族に限ります。

建物の所有関係を示せば次のとおりです。

建築中の建物の所有者	建物の利用
①被相続人	被相続人の居住の用
②被相続人	生計一親族の居住の用
③被相続人の親族	被相続人の居住の用
④被相続人の親族	生計一親族の居住の用

⑶　居住の用に供する見込み

相続開始の時点で建築中の建物であっても、その建物等を速やかにその居住の用に供することが確実であったと認められるときは、その建物の敷地の用に供されていた宅地等は、居住用宅地等に該当するものとして取り扱われます。

⑷　持家なき親族が取得した場合

建築中の建物を取得した相続人が持家なき親族であっても、要件を満たせば適用できます。

3　居住用以外の部分がある場合

建築中又は取得に係る建物のうちに被相続人等の居住の用に供されると認められる部分以外の部分があるときは、居住用宅地等として特例が適用できる部分は、建物の敷地のうち被相続人等の居住の用に供されると認められる建物の

部分に対応する部分に限られます。

建替え後の建物の利用状況で判定します。次のようなケースです。

被相続人が居住の用に供していた建物（平屋）面積 100 m^2、その敷地の面積 330 m^2 でした。その建物を取り壊し、新しい建物を建築する途中に相続が開始しました。新築建物は 3 階建てで 1、2 階を賃貸用とし 3 階部分に被相続人及び家族が居住する予定でした。この場合、特定居住用となるのは新築建物の居住の用に供する部分である 110 m^2 です。

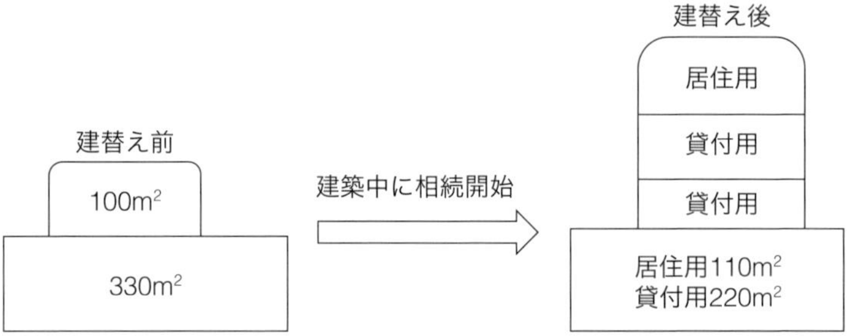

4　相続開始直前に居住していた家屋

相続の開始の直前において被相続人等が自己の居住の用に供している建物を所有していなかった場合に限り適用があります。居住用建物が 2 つある場合などが想定されますが、建物の建築中等に限り一時的に居住の用に供していたにすぎないと認められる建物は除かれます。

5　居住の用に供する期限

相続税の申告書の提出期限までに、建築中の建物の敷地を取得し、居住の用に供することが要件です（措通 69 の 4-8 による措通 69 の 4-5 の準用）。

申告期限においてその建物を居住の用に供していない場合であっても、次に該当する場合は特例の対象となります。

①　建物の規模等からみて建築に相当の期間を要すること

② 法令の規制等により建築工事が遅延していること

③ ①又は②に準ずる特別の事情があること

④ 建物の完成後速やかに居住の用に供することが確実であると認められること

6 建築請負契約を締結した状態で相続が開始した場合

(1) 建築請負契約を締結した状態とは

更地の状態で建築請負契約を締結した時に、相続が開始することが想定されます。次のようなケースがあります。この時点で、その宅地に小規模宅地特例が適用できるかが問題となります。

① 旧居住用住宅を取り壊し、新宅を建築するために請負契約を締結した。

② 居住用住宅を建設するために宅地を取得し、新宅を建築するために請負契約を締結した。

(2) 特例の適用

建築中の居住用建物の敷地を居住用宅地として扱うのは、居住用建物が建築中であることから、その土地は既に居住用建物の敷地としての使用が具体化ないし現実化しているとみることができます。そのためには少なくとも相続開始時にその土地上に現実に居住用建物の建築工事が着手され、居住用建物の敷地として使用されることが外形的・客観的に明らかになっている状態にあることが必要です。相続開始時において、単に土地上に居住用建物を建築する計画があるとか、居住用建物の建築請負契約を締結しているというだけでは、その土地は単なる建築予定地でしかなく、その敷地である宅地は居住用宅地として扱うことはできないというべきです（1996年（平成8年）3月22日東京地裁判決）。現実に建築工事に着手していることが必要です。

居住用家屋を建築中に相続が開始した場合の取扱いは、あくまでも例外としてとらえるべきです。請負契約を締結した時点で相続開始があった場合にまで特例を適用することになれば、相続開始時においては更地であるものについても、相続開始後に建築工事に着手した場合にまで特例の適用が拡張されることになります。仮に居住用建物を建築する予定があったとしても、その着工予定時期等が相続開始時と近接していて建築計画がいかに具体的で確実なものであったにしても、相続税法が相続税の課税価格を相続開始時の現況により算定するとしている趣旨に反することになることから、一義的で、かつ統一的、画一的な租税法規の適用の必要の観点からしても、特例の適用の拡張は相当ではありません（東京高裁判決 1997 年（平成 9 年）2 月 26 日）。

[事例で確認]

CASE 旧宅を取り壊し、新宅の建築請負契約を締結した時点等で相続が開始した場合

Q｜ 父と私は居住していた建物を取り壊し、新しい建物ができるまで借家に住んでいました。取り壊すと同時に建物建築の請負契約を結びましたが、その直後に父が亡くなりました。建物は契約通り建築が進み、その建物及び敷地である宅地は私が相続しました。この宅地は小規模宅地等の特例が適用できるでしょうか。

A｜ 建物の建築請負契約の時点で相続が開始した場合、土地は居住用建物の敷地ということはできないため特例の適用は受けられません。

建物がない状態で相続が開始した場合のケースは次の通りです。被相続人 A、建物を取得した相続人を B とします。

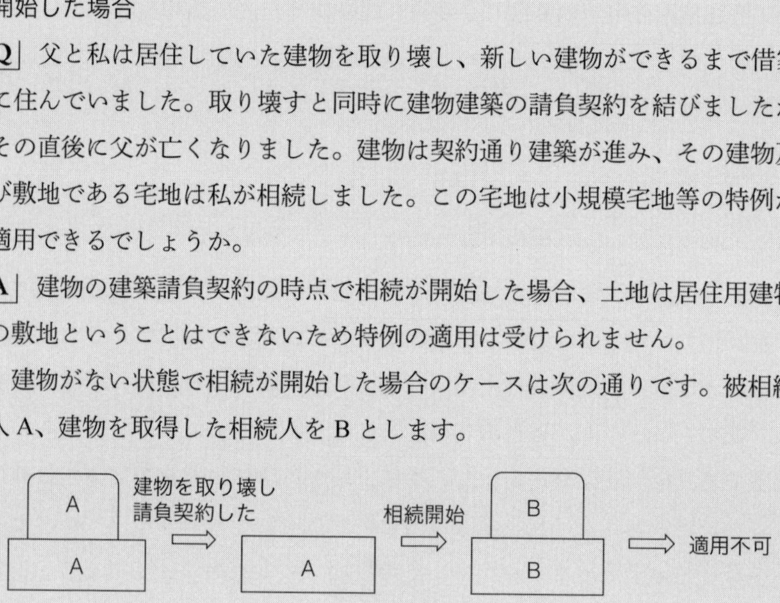

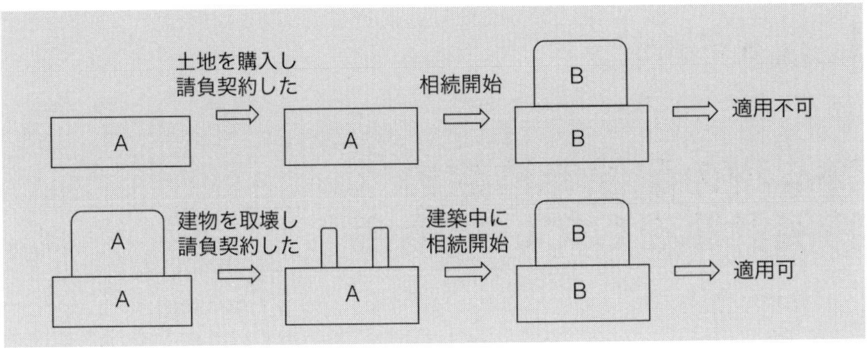
A
土地を購入し
請負契約した
A
相続開始
B
B
適用不可
A
A
建物を取壊し
請負契約した
A
建築中に
相続開始
B
B
適用可

Section 9

贈与税の配偶者控除の特例計算をしていた場合

1　居住用部分と非居住用部分がある場合の配偶者控除の適用

居住の用に供している家屋のうちに、居住の用以外の用に供されている部分のある家屋及び家屋の敷地の用に供されている土地等（以下「店舗兼住宅等」といいます。）がある事例が多いです。その家屋及び敷地のうち居住の用に供している部分は、次により判定します（相基通 21 の 6-2）。

①　家屋のうちその居住の用に供している部分は、次の算式により計算した面積に相当する部分

$$\text{家屋のうち居住用に専ら供している部分の床面積（A）} + \text{家屋のうち居住用と居住用以外の用途に併用されている部分の床面積（B）} \times \frac{A}{\text{家屋の床面積} - B}$$

②　土地等のうちその居住の用に供している部分は、次の算式により計算した面積に相当する部分

$$\text{土地等のうち居住用に専ら供している部分の面積} + \text{土地等のうち居住用と居住用以外の用途に併用されている部分の面積} \times \frac{\text{家屋の面積のうち①により計算した面積}}{\text{家屋の床面積}}$$

2　店舗兼住宅等の居住用部分の判定の特例的計算

配偶者から店舗兼住宅等の持分の贈与を受けた場合、相続税法基本通達21の6-2により求めた店舗兼住宅等の居住の用に供している部分の割合にその贈与を受けた持分の割合を乗じて計算した部分を居住用不動産に該当するものとします。特例対象は居住用部分に限られることから、非居住用部分はそもそも検討の対象になりません。

ただし、贈与を受けた持分の割合が相続税法基本通達21の6-2により求めた店舗兼住宅等の居住の用に供している部分（居住の用に供している部分に受贈配偶者とその配偶者との持分の割合を合わせた割合を乗じて計算した部分をいいます。）の割合以下である場合、その贈与を受けた持分の割合に対応する店舗兼住宅等の部分を居住用不動産に該当するものとして申告することができます。また、贈与を受けた持分の割合が同通達21の6-2により求めた店舗兼住宅等の居住の用に供している部分の割合を超える場合における居住の用に供している部分についても同様です（相基通21の6-3ただし書き）。

3　贈与税の配偶者控除の特例計算を適用していた場合

贈与を受けた建物に店舗兼住宅等がある場合、居住用部分を優先的に適用できることは2の通りです。これは配偶者控除の適用が20年以上夫婦として生活していること、同一配偶者から一生に一度しか適用できないこと等から配偶者の居住財産をできるだけ優先的に確保するために取られている措置です。配偶者控除の適用のための計算以外の取扱いは、原則に戻ります。

措置法第69条の4第1項の規定の適用がある店舗兼住宅の敷地の用に供されていた宅地等で、被相続人からその持分の贈与について、次に該当した場合であっても、措置法令第40条の2第4項に規定する被相続人等の事業の用又は居住の用に供されていた部分の判定については、措置法第69条の4第1項の規定通り「相続開始の直前」における現況によります（措置69の4-9）。

①　相続の開始の前年以前に相続税法第21条の6第1項（(贈与税の配偶者

控除））の規定による贈与税の配偶者控除を相続税法基本通達21の6-3ただし書の取扱いにより適用したもの

② 相続開始の年に被相続人からその持分の贈与について相続税法第19条第2項第2号（（相続開始前7年以内に贈与があった場合の相続税額））の規定を相続税法基本通達19-10後段の取扱いにより同項に規定する特定贈与財産に該当することとなったもの

配偶者控除の特例計算は、配偶者控除の適用のための居住用部分の優先適用であり、その後の権利関係は持分及び利用状況によって判断します。つまり、小規模宅地等の特例が適用できる部分は、相続開始の直前の現況によって判断しますので、配偶者控除の原則で計算した贈与者の利用区分となります。

第4章

特定同族会社事業用宅地等

小規模宅地等の特例は居住の安定的継続及び個人事業の保護のために創設されたものです。元来、法人が所有する事業用宅地については、主旨が異なることから、保護の対象とはみなされません。しかし、法人形態をとってはいるもののその実態は個人事業と変わらない会社がほとんどでしょう。特定同族会社事業用宅地は、このような家業である個人事業が法人となったとしても事業の継続を保護するための特例です。

Section 1

特定同族会社事業用宅地等の概要

1　特定同族会社事業用宅地等とは

(1)　同族会社の事業の保護

国内の法人数は約270万社です。これらの大半は親族経営、いわゆる同族会社でしょう。元は家業としての個人事業であったものが、様々な都合で法人成りしたものです。そのため形式上は会社を基盤とした組織的事業となっていますが、実態はほとんど個人事業と変わらない会社が占めています。相続税の計算にあたって、事業の用に供する宅地を小規模宅地等として特例を適用することができますが、個人事業と遜色のない会社の事業の用に供する宅地についても、同様に特例の対象としています。生業を保護することが基本です。

(2)　特定同族会社事業用宅地等

特定同族会社事業用宅地等とは、相続開始の直前に被相続人及び被相続人の親族その他被相続人と特別の関係がある者が有する株式の総数又は出資の総額（以下「株式等の総数」といいます。）が、法人の発行済株式の総数又は出資の総額（以下「発行済株式総数等」といいます。）の50％を超える法人の事業の用に供されていた宅地等で、その宅地等を相続等により取得した被相続人の親族が相続開始時から申告期限まで所有し、かつ、申告期限まで法人の事業の用に供されている宅地等をいいます（措法69の4③3）。

同族会社が使用しているということは、被相続人の土地又は建物を同族会社に貸し付けていることですから、その土地は貸宅地又は貸家建付地ですが、一定の要件を満たした場合に 80 %の減額をします。

2 特定同族会社事業用宅地等の経緯

[1994 年（平成 6 年）]

特定同族会社事業用宅地等の特例が創設されました。特例の対象となる法人の要件が、相続開始直前に被相続人及び生計一親族が有する株式等の総数の合計額が、法人の発行済株式総数等の 50 %以上です。従来は通達で適用が認められていたものを、法定化しました。

[2003 年（平成 15 年）]

法人の要件が、相続開始直前に被相続人及び被相続人の親族その他その被相続人と特別の関係がある者が有する株式等の総数が、法人の発行済株式総数等の 50 %を超える法人に改められました。

[2010 年（平成 22 年）]

同族会社の事業の用に供されていた宅地等は、申告期限までの保有要件に加え、事業継続要件が加わりました。事業用、居住用宅地等と同様、改正前は要件を満たすものが1人でもいると宅地等全体が特例の対象となっていましたが、改正後は要件を満たす親族の持分に対応する部分のみが特例の対象となりました。

3 特定同族会社事業用宅地等の適用要件

(1) 貸し付けていた者

同族会社事業用宅地等として使用している宅地等を貸し付けていた者は、次の者です。

① 被相続人
② 生計一親族

⑵ 適用対象者

相続等により、宅地等を取得した親族（役員要件あり）。

⑶ 対象宅地等

特定同族会社事業用宅地等とは、基本的に被相続人の貸付事業となります。単なる貸付事業であれば貸付事業用宅地としての括りですが、貸付先である同族会社が事業の用として使用している場合、家業として生活の基盤である個人事業と同様であることから、特に区分して減額割合を 80 ％とするものです。

特例適用一覧表のうち特定同族会社事業用宅地等は、次の通りです。

<table>
<tr><th>大分類</th><th colspan="2">中分類</th><th colspan="2">小分類</th><th rowspan="2">限度面積</th><th rowspan="2">減額割合</th></tr>
<tr><th colspan="3">用途区分</th><th colspan="2">要件</th></tr>
<tr><td rowspan="3">被相続人等の事業の用に供されていた宅地等（甲）</td><td rowspan="3">Ⓑ貸付事業用の宅地等</td><td rowspan="2">Ⓑ-1　一定の法人に貸付けられ、その法人の事業（除く貸付事業）用の宅地等</td><td>②</td><td>「特定同族会社事業用宅地等」に該当する宅地等</td><td>400 m²</td><td>80 ％</td></tr>
<tr><td>③</td><td>「貸付事業用宅地等」に該当する宅地等</td><td>200 m²</td><td>50 ％</td></tr>
<tr><td>Ⓑ-2　一定の法人に貸付けられ、その法人の貸付事業用の宅地等</td><td>④</td><td>「貸付事業用宅地等」に該当する宅地等</td><td>200 m²</td><td>50 ％</td></tr>
</table>

⑷ 適用要件

要件区分	要件
① 法人の要件	被相続人及び被相続人の親族その他被相続人と特別の関係がある者が有する株式等の総数が、発行済株式総数等の 50 ％を超える法人であること
② 宅地等の要件	①の法人の事業の用に供されていた宅地等であること
③ 法人役員要件	申告期限においてその法人の役員（法人税法第 2 条第 15 号に規定する役員（清算人を除きます。）をいいます。）であること
④ 事業継続要件	申告期限まで法人の事業の用に供されていること
⑤ 保有継続要件	宅地等を申告期限まで有していること

法人の事業用として貸し付けている宅地等であることが要件です。しかし、

相続後は、貸付けを継続する要件とはなっていません。相続人が、法人に対して使用貸借で貸し付けることができます。

［事例で確認］

CASE 申告期限までに宅地等の一部の譲渡又は貸付けがあった場合

Q 特定同族会社事業用宅地等を取得しましたが、納税資金等の手当てのために申告期限前に、宅地の一部を譲渡しました。この場合、特定同族会社事業用宅地等の全部が特例の適用を受けることができないのでしょうか。

A 特定同族会社事業用宅地等について特例の適用を受けるための重要な要件の一つは、申告期限までその宅地等を保有していることです。しかし、特定同族会社事業用宅地等の一部が申告期限までに譲渡等され、事業の用に供されなくなったときであっても、譲渡等された宅地等の部分以外の宅地等の部分については、要件を満たす限り、特定同族会社事業用宅地等に当たるものとして取り扱います（措通69の4-18（注））。

4 特定同族会社の要件

⑴ 特定同族会社の要件

特定同族会社とは、被相続人及び被相続人の親族その他被相続人と特別の関係がある者が有する株式等の総数が、法人の発行済株式総数等の50％を超える法人のことをいいます。資本金額は要件となっていません。

⑵ 「特別の関係がある者」とは

「特別の関係がある者」とは、次の者をいいます（措令40の2⑯）。

① 被相続人と婚姻の届出をしていないが、事実上婚姻関係と同様の事情にある者

② 被相続人の使用人

③　被相続人の親族及び①、②に掲げる者以外の者で被相続人から受けた金銭その他の資産によって生計を維持しているもの

④　①から③に掲げる者と生計を一にするこれらの者の親族

⑤　次に掲げる法人

イ　被相続人（被相続人の親族及び①から④に掲げる者を含みます。）が法人の発行済株式総数等の10分の5を超える数又は金額の株式又は出資(以下「株式等」といいます。）を有する場合におけるその法人

ロ　被相続人及びこれとイの関係がある法人が他の法人の発行済株式総数等の10分の5を超える数又は金額の株式等を有する場合における、その他の法人

ハ　被相続人及びこれとイ又はロの関係がある法人が他の法人の発行済株式総数等の10分の5を超える数又は金額の株式等を有する場合における、その他の法人

(3)　判定の時期

特定同族会社の要件は、相続開始直前の状況で判定します。そのため、相続税の申告期限までに株主構成や株主割合に変更があったとしても特例の適用には影響がありません。

5　特定同族会社事業の要件

(1)　特定同族会社事業

特定同族会社が、被相続人から被相続人の所有する宅地又はその上に存する建物を賃借して事業の用に供していたことが適用要件の一つです。特定同族会社に賃貸していることは、不動産賃貸と同様です。しかし基本的な考え方として、個人の事業を法人として営業していることから減額の対象となると捉えます。

事業として使用しているかどうかは、相続開始の直前の状況で判断します。

⑵ 事業の用に供されていた宅地等の範囲

法人の事業の用に供されていた宅地等とは、次に掲げる宅地等のうち法人の事業の用に供されていたものをいいます（措通69の4–23）。申告期限において清算中の法人を除きます。

① 法人に貸し付けられていた宅地等（貸付けが措置法第69条の4第1項に規定する事業に該当する場合に限ります。）

② 法人の事業の用に供されていた建物等で、被相続人が所有していたもの又は生計一親族が所有していたもので、法人に貸し付けられていたもの（貸付けが事業に該当する場合に限ります。）の敷地の用に供されていたもの。生計一親族が建物等の敷地を被相続人から無償で借り受けていた場合に限ります。

③ 相続等により取得した宅地等が、相続の開始の直前において配偶者居住権に基づき使用又は収益されていた建物等の敷地の用に供されていたものである場合、法人の事業の用に供されていた建物等で、被相続人が所有していたもの又は被相続人と被相続人の親族が所有していたもののうち、配偶者居住権者である被相続人等によりその法人へ貸し付けられていたもの（貸付けが事業に該当する場合に限ります。）の敷地の用に供されていたもの。その親族が建物等の敷地を被相続人から無償で借り受けていた場合に限ります。

⑶ 事業に該当しないもの

次の事業は「特定同族会社事業」に該当しません。法人が不動産賃貸として貸し付けている場合は、特定事業用宅地等と同様の取扱いです。

① 不動産貸付業

② 駐車場業

③ 自転車駐車場業

④ 準事業

⑷ 法人からの対価

同族会社が使用している宅地等は貸付地であることから、対価（地代）の授受が必要です。税法では対価の額等は規定していません。しかし、法人に使用貸借で土地を貸していることはほとんどないでしょう。「継続的に相当の対価」を受けていることが必要です。相当の対価であることは、近隣の相場から判断して低廉な対価である場合は、当然に問題となります。

⑸ 法人の社宅等の敷地

法人の社宅等の敷地の用に供されていた宅地等は、法人の事業の用に供されていた宅地等に該当し特例の適用が受けられます（措通 69 の 4-24）。

ただし、被相続人等の親族のみが使用していたものを除きます。この場合であっても、法人に対する貸付けであることから、貸付宅地として 50 % の減額は適用できるでしょう。

［事例で確認］

CASE 同族会社に使用貸借で土地を貸し付けている場合

Q 被相続人及び被相続人の代表となっている同族法人の事業用建物の敷地を、20 年以上前から無償で貸し付けています。被相続人に相続が開始しましたが、同族会社に貸し付けている宅地は小規模宅地等の特例が適用できるでしょうか。

A 小規模宅地等の特例の適用となる事業とは貸付事業を含みます。貸付事業には、事業に準ずるものとして、「事業と称するに至らない不動産の貸付け、その他これに類する行為で相当の対価を得て継続的に行うもの」も含まれます。つまり「相当の対価を得て継続的」ではないと事業とは言えません。同族会社に貸し付けていたとしても、無償による貸し付けは特定同族会社事業用宅地等に該当せず、特例の対象になりません。また、無償であることから、貸付事業用宅地等にも該当しません。

6 事業の用に供している建物の名義

特定同族会社事業用宅地の適用は、その宅地を会社の事業の用に供していることですが、建物の所有者については規定がありません。相続財産である宅地の価額の緩和がポイントであることから、宅地の所有者は被相続人に限られますが、建物の所有者については、次の区分が想定されます。建物の所有者について規定はないといっても、被相続人から見れば、生活の糧を得る必要があるので、無償で貸し付けている場合は適用がありません。

また、建物の所有者によって、宅地（建物の敷地）の評価の区分が異なることに注意します。土地は財産評価基本通達に基づいて「貸家建付地」「底地」等の評価をします。その後課税価格の計算において、特例を適用します。

次の表は土地所有者が被相続人で、その上にある建物の所有者によって小規模宅地等の取扱いが異なるパターンを示しました。土地等又は建物の貸付状態は、土地所有者つまり被相続人から見た判断です。

宅地所有者	建物の所有者	利用状況		
		土地等又は建物の貸付状態	減額割合	土地等の評価
被相続人	被相続人	①相当の対価を得て継続的に会社に貸し付けている	80％	貸家建付地評価
		②会社に無償で貸し付けている	0	自用地評価
	生計一親族	①土地を生計一親族に相当の対価を得て継続的に貸している	50％	貸付地
		②土地を生計一親族に無償で貸し付け、生計一親族が建物を会社に相当の対価を得て継続的に貸し付けている	80％	自用地評価
		③土地を生計一親族に無償で貸し付け、生計一親族が建物を会社に無償で貸し付けている	0	自用地評価
	生計別親族	①土地を生計別親族に相当の対価を得て、継続的に貸している	50％	貸付地
		②土地を生計別親族に無償で貸し付け、生計別親族が建物を会社に有償又は無償で貸し付けている	0	自用地評価（注1）

	会社	①無償返還の届出を提出している	80％	自用地価額から20％減額（注2）
		②相当の地代を得ている	80％	自用地価額から20％減額（注2）
		③相当の対価を得て継続的に貸し付けている	80％	貸宅地評価
		④土地を使用貸借で貸し付けている 対価の授受があったとしても、相当の対価に至らない程度の対価の授受を含む。	0	自用地評価

（注1）使用貸借通達（「使用貸借に係る土地についての相続税及び贈与税の取扱いについて」（昭和48年11月1日直資2-189））の適用がある。
（注2）相当地代通達（「相当の地代を支払っている場合等の借地権等についての相続税及び贈与税の取扱いについて」（昭和60年6月5日課資2-58））の適用がある。

7 役員要件

⑴ 基本的な要件

特例を適用できる者は、相続税の申告期限において法人税法第2条第15号に規定する役員となっていなければなりません（措法69の4③三、措規23の2⑤）。

法人税法では、役員とは次の者をいいます（法法2⑮、法令7）。ただし、このうち「清算人」は除かれます（措規23の2⑤）。

① 取締役、執行役、会計参与、監査役、理事、監事及び清算人
② ①以外の者で法人の経営に従事している者のうち次の者
・ 法人の使用人（職制上使用人としての地位のみを有する者に限る。）以外の者でその法人の経営に従事しているもの
・ 同族会社の使用人（職制上使用人としての地位のみを有する者に限ります。）のうち、次に掲げるすべての要件を満たす者で、その会社の経営に従事しているもの
イ その会社の株主グループをその所有割合の大きいものから順に並べた場合に、その使用人が所有割合50％を超える第1順位の株主グループに属して

いるか、又は第1順位と第2順位の株主グループの所有割合を合計したときに初めて50％を超える場合のこれらの株主グループに属しているか、あるいは第1順位から第3順位までの株主グループの所有割合を合計したときに初めて50％を超える場合のこれらの株主グループに属していること。

ロ　その使用人の属する株主グループの所有割合が10％を超えていること。

ハ　その使用人（その配偶者およびこれらの者の所有割合が50％を超える場合における他の会社を含みます。）の所有割合が5％を超えていること。

⑵　役員の期限

相続税の申告期限までに役員であればいいことになっています。被相続人の相続開始時に役員であることは要件となっていません。ただし、相続税の申告期限までに役員であることを明確にするため、役員変更登記を行う必要があります。申告期限までに役員変更登記を行うことを相続人等に説明をすることを失念して、税理士の説明責任が欠如していたと指摘された事例があります。

⑶　株主要件

株主であるかどうかは要件ではありません。同族会社事業用宅地等を取得した相続人等が、その会社の株式を取得しない場合であっても特例の適用には影響はありません。

⑷　被相続人等の役員要件

被相続人等の株主割合は重要な要件ですが、被相続人が役員であったかどうかは要件となっていません。被相続人が相続開始前に役員を退任していることが想定されますが、影響はありません。

Section 2

会社所有建物の建替え等

1　同族会社所有事業用建物等の建築中に相続が開始した場合

(1)　建築に至る事情

同族会社所有事業用建物等の建築中の場合とは、被相続人の所有する土地の上で同族会社の事業の用に供されている建物等が相続開始時に建築中等であり、建築完了後速やかにその会社の事業の用に供する見込みである場合のことを言います。事業用建物等がない状態でたまたま相続が開始した場合、営業していないことから原則として特例の適用はできません。しかし、特例の適用が出来なとすると、納税者に不利益となる取扱いであり、事業の継続保全の観点からも不都合です。

(2)　取扱い

相続開始直前に同族会社の事業の用に継続的に供されており、建物等に係る事業の準備行為の状況からみて、その建物等を速やかに会社の事業の用に供することが確実であったと認められるときは、建物等の敷地の用に供されていた宅地等は、事業用建物が建築中等に相続が開始した場合の取扱い（措通 69 の 4-5）を準用して、特定同族会社事業用宅地等に該当するものとして取り扱います。

2　申告期限までに特定同族会社事業用建物等を建て替えた場合

特定同族会社事業用宅地等を取得した者が、申告期限までに事業用建物を建て替えた場合の取扱いは、第2章 Section 6（申告期限までに事業用建物等を建て替えた場合）の取扱いを準用します（措通69の4-19）。

3　申告期限までに宅地等の一部の譲渡又は貸付けがあった場合

特定同族会社事業用宅地等について特例の適用を受けるための重要な要件の一つは、申告期限までその宅地等を保有していることです。特定事業用宅地等の取扱いと同様、特定同族会社事業用宅地等の一部が譲渡された場合、次の取扱いをすることとなっています。

特定同族会社事業用宅地等の一部が申告期限までに譲渡され、又は他に貸し付けられ、親族の事業の用に供されなくなったときであっても、譲渡され、又は貸し付けられた宅地等の部分以外の宅地等の部分については、親族についての要件を満たす限り、特定同族会社事業用宅地等に当たるものとして取り扱います（措通69の4-18の準用）。

取得した親族又は生計一親族が申告期限までに死亡した場合は、次のように取り扱われます（措通69の4-18カッコ書き）。

取得者	取得者が申告期限までに死亡した場合
親族	その親族の相続人は、特例の適用ができる
生計一親族	その生計一親族の相続人は、特例の適用ができない

第 5 章

貸付事業用宅地等

この項では貸付事業用宅地等について解説します。

小規模宅地等の特例は、被相続人の事業の継続又は相続人の居住の継続を保護するために構築されています。貸付事業用宅地等は、事業用宅地又は居住用宅地と異なり、財産評価において貸家建付地又は貸付地として相応の減額をしていること、安定した収入が予想されること等から保護の割合が低く抑えられています。

Section 1

貸付事業用宅地等の要件

1 貸付事業用宅地等とは

貸付事業用宅地等とは、相続開始の直前において被相続人等の貸付事業の用に供されていた宅地等で、一定の要件を満たす被相続人の親族が相続等により取得したものをいいます（措法69の4③四)。

なお、相続開始前3年以内に新たに貸付事業の用に供された宅地等は除かれます。除かれる場合であっても、相続開始の日まで3年を超えて事業的規模で引き続き貸付事業を行っていた場合は、特定貸付事業の用に供されていた宅地として特例の適用ができます（措法69の4③四)。

2 貸付事業用宅地等の区分

(1) 貸付事業用宅地等の区分

貸付事業用宅地等は、大分類における「被相続人等の事業の用に供されていた宅地等」のうち中分類「被相続人等の貸付事業の用に供されていた宅地等」に該当する宅地等をいいます。更に小分類として「被相続人の貸付事業の用に供されていた宅地等」及び「被相続人と生計を一にしていた親族の貸付事業の用に供されていた宅地等」に区分されます（措法69の4③四)。相続開始の時から申告期限までその宅地等を所有し、貸付事業を継続していることが要件です。

特例適用一覧表のうち貸付事業用宅地等は、次の通りです。

大分類	中分類		小分類		限度面積	減額割合
用途区分			要件			
被相続人等の事業の用に供されていた宅地等（甲）	Ⓑ貸付事業用の宅地等	Ⓑ-3　被相続人等の貸付事業用の宅地等	⑤	「貸付事業用宅地等」に該当する宅地等	200 m^2	50 %
				⑤-1　被相続人の貸付事業の用に供されていた宅地等		
				⑤-2　被相続人と生計を一にしていた親族の貸付事業の用に供されていた宅地等		

(2)　貸付事業

貸付事業の概念は、宅地等を他人に使用させ収益を上げる事業のことをいいますが、小規模宅地等の特例における貸付事業については、次の区分になっています。まず、貸付事業というように、貸付けそのものは事業の一環です。措置法第69条の4第1項において「…被相続人又は当該被相続人と生計を一にしていた当該被相続人の親族の事業（事業に準ずるものとして政令で定めるものを含む。）の用又は居住の用…」と規定しており、事業には準事業が含まれます。第3項第1号において特定事業用宅地等の範囲として「不動産貸付業その他政令で定めるものを除く。」としています。貸付事業は特定事業用宅地等には含まれないことは、既述の通りです。特例の対象となる貸付事業は、第3項第4号に規定されます。第4号における貸付事業用宅地等とは「被相続人等の事業（不動産貸付業その他政令で定めるものに限る。以下この号において「貸付事業」という。）の用に供されていた宅地等…」のことをいい、不動産貸付業及び措置法令で定められたものに限るとしています。措置法令第40条の2第7項では「法第69条の4第3項第1号及び第4号に規定する政令で定める事業は、駐車場業、自転車駐車場業及び準事業とする。」として、準事業も入ってきます。

ざっくり区分すると次のようになります。

事業	貸付事業以外の事業	
	貸付事業	不動産貸付業
		駐車場業
		自転車駐車場業
		準事業（注）

（注） 準事業とは、事業と称するに至らない不動産の貸付けその他これに類する行為で相当の対価を得て継続的に行うものをいいます（措令40の2①⑦）。

⑶ 不動産貸付業等の範囲

被相続人等の不動産貸付業、駐車場業又は自転車駐車場業については、その規模、設備の状況及び営業形態等を問わず全て措置法第69条の4第3項第1号及び第4号に規定する不動産貸付業又は措置法令第40条の2第7項に規定する駐車場業若しくは自転車駐車場業に当たります（措通69の4-13）。このことは、貸し付けている事実があればいいのであって、例えば被相続人等が、不動産貸付業の判定基準である5棟10室に満たない数を賃貸している場合であっても、その敷地は特例の対象となります。貸付けによる営業態様や所得区分も問われません。不動産所得で申告しているものに限られるわけではなく、小規模であること等から雑所得で申告している場合でも貸付けとなり、特例の適用が認められます。

ただし、準事業は、事業である不動産貸付業、駐車場業又は自転車駐車場業に当たりません（措通69の4-13注）。

3 対価の判断

貸付事業というからには、相当の対価を得て継続的に貸し付けていなければなりません。対価についての適切な判断基準は特にありません。小規模宅地等の特例は基本的に事業の継続を旨として構築されていることから、相当の対価が見込まれない事業まで保護する必要がないでしょう。判断の目安がいくつかあります。

⑴　使用貸借

使用貸借契約とは民法第593条で「使用貸借は、当事者の一方がある物を引き渡すことを約し、相手方がその受け取った物について無償で使用及び収益をして契約が終了したときに返還をすることを約することによって、その効力を生ずる。」と定められた契約の一形態です。あくまでも無償であり、契約終了時に貸し付けたときの状態で返却される契約です。

使用貸借で土地を貸し付け、借地人が建物を所有している場合、建物があったとしても相当の対価を得て継続的に貸し付けていることにはなりません。当然、建物を無償で貸し付けている場合においても貸付事業用となりません。

この場合において、貸付け土地建物等の固定資産税程度の対価では、相当の対価とは言えません。民法第595条第1項に「借主は借用物の通常の必要費を負担する。」とあり、使用貸借であっても、通常の必要費は借主の負担です。借用物の固定資産税は必要費でしょう。

⑵　事業用資産の買換え特例の判断基準

事業用資産の買換え特例において、事業の判断が示されています。「相当の対価を得て継続的」との表現があることから、参考になります。

①　事業の判断

譲渡所得の事業用資産の買換え特例（措法37）において、事業とは、農業、漁業、製造業小売業等のことで、継続性反復性のある社会的、経済的行為のことをいいます。ここでは不動産貸付業は、事業に準ずるものとして取り扱われます。いわゆる準事業です。準事業とはさらに言えば「事業と称するに至らない不動産又は船舶の貸付、その他これに類する行為で、相当の対価を得て継続的に行うものをいいます（措令25②)。

②　相当の対価

相当の対価とは、次のことをいいます（措通37-3)。

イ　相当の対価については、その貸付け等の用に供している資産の減価償却費の額、固定資産税その他の必要経費を回収した後において、なお相当の利益が生ずるような対価を得ているかどうかにより判定する。

ロ　その貸付け等をした際に対価を一時に受け、その後一切対価を受けない場合には、継続的に対価を得ていることに該当しない。

ハ　その貸付け等をした際に一時金を受け、かつ、継続的に対価を得ている場合には、一時金の額と継続的に受けるべき対価の額とを総合して、イの相当の対価であるかどうかを判定する。

③　継続的

継続的に貸付け等の行為を行っているかどうかについては、原則として、その貸付け等に係る契約の効力の発生した時の現況においてその貸付け等が相当期間継続して行われることが予定されているかどうかによります。

[事例で確認]

CASE 賃料が固定資産税より高い場合

Q 父の所有する土地建物を将来の相続の時に貸付事業用宅地としたいため、親族に貸し付ける予定です。賃料を固定資産税の2、3倍程度ならいいでしょうか。

A 貸付事業用であるための賃料の基準はありません。資産の減価償却費の額、固定資産税その他の必要経費を回収した後において、なお相当の利益が生ずるような対価を得ているかどうかにより判定します。親族や同族会社に貸し付ける場合、賃料の判断に迷うところですが、地域や建物の状況による相場があります。そもそも、市場感覚から乖離した金額で貸し付けを検討することは、貸付け事実に疑念を持たれる可能性があります。

4　貸付事業の判定時期

(1)　判定時期

被相続人等の貸付事業の用に供されていた宅地等に該当するかどうかは、相続開始の時において現実に貸付事業の用に供されていたかどうかで判定します（措通 69 の 4-24 の 2)。生前に貸し付けていた宅地等であっても、相続開始時に更地となっている場合や貸家が空室であった場合のその敷地である宅地等は貸付事業用宅地等にはなりません。相続税対策としては悩ましいところですが、あくまでも相続により取得した財産に対する相続税の緩和措置です。更地や空室であることが被相続人の生活の糧に影響がないものまで保護の対象になりません。

⑵ 建物が建築中であった場合

新たに貸付事業の用に供する建物等を建築中である場合や、新たに建築した建物等に係る賃借人の募集その他の貸付事業の準備行為が行われているに過ぎない場合には、その敷地である宅地等は貸付事業の用に供されていた宅地等に該当しません（措通 69 の 4-24 の 2 注)。これは、新たに貸付事業に供するために建築中又は入居人の募集中のことを言っています。小規模宅地特例は、事業の継続を目的とした特例であることから、たまたま新規貸付事業を立ち上げるために貸付事業用建物等が建築途上にあったとしても、この取扱いに該当しません。

もとより事業用建物等があり、建築中に相続が開始した場合は、措置法通達 69 の 4-5（事業用建物等の建築中等に相続が開始した場合）の適用があります。第 2 章 Section 9（事業用建物等の建築中等に相続が開始した場合）を参照してください。

⑶ 下宿等の場合

下宿等のように部屋を使用させるとともに食事を供する事業は、措置法第69条の 4 第 3 項第 1 号及び第 4 号に規定する「不動産貸付業その他政令で定めるもの」に当たりません（措通 69 の 4-14)。食事を提供する下宿等のような業態は家賃を取って部屋を貸しているだけではなく、食事を提供する方が収益がいいので、自然と重きが食事に移ります。所得税基本通達においてもアパート、下宿等は次のように判断して所得を区分しています（所基通 26-4)。

① アパート、貸間等のように食事を供さない場合の所得は、不動産所得とする。

② 下宿等のように食事を供する場合の所得は、事業所得又は雑所得とする。

［事例で確認］

CASE 共有家屋（貸家）の敷地の用に供されていた宅地等についての小規模宅地等の特例の選択

Q 次の図のような貸家の敷地の用に供されていた宅地があります。面積は 500 m^2 で、被相続人である夫 A の所有です。建物は全て貸付けで、A が 4 分の 3、妻 B が 4 分の 1 の持分となっています。A の持分を相続した B は生計を一にしており申告期限まで貸付事業をしています。宅地 500 m^2 のうち夫の貸付事業部分 375 m^2（500 m^2 × 3/4）は、貸家建付地評価で、B の建物の持分に対応する 125 m^2 は使用貸借であることから自用地評価とするのでしょうか。

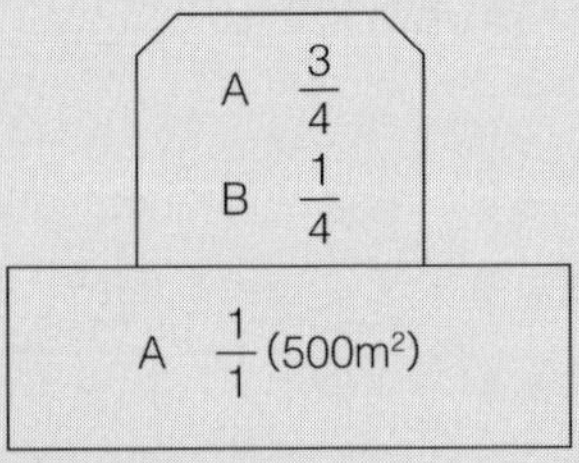

A 生計を一にする B の貸付事業用宅地である持分は特例の対象になります。その面積が 200 m^2 に満たない場合、A の貸付事業用宅地から充当することができます。つまり、自用地部分 125 m^2 と貸家建付地のうち 75 m^2 の計 200 m^2 について、夫の家屋の持分に対応する部分だけでなく、妻の家屋の持分に対応する部分についても、小規模宅地等の特例の対象となります。自用地部分の評価額が高いため B の宅地を優先的に適用することができます。

（国税庁質疑応答事例より）

3 貸付事業者の要件

貸付事業を行っていた者は、次の通りです。

① 被相続人
② 生計一親族

4 取得者の要件

(1) 被相続人の貸付事業の用に供されていた宅地等

① 被相続人の貸付事業の用に供されていた宅地等を相続又は遺贈により取得し、特例が適用できるのは被相続人の親族です。取得した親族は申告期限まで事業を承継、継続及び保有要件があります（措法69の4③四イ）。次表の通りです。

取得者	要件	適用要件の内容
親族等	事業承継要件	相続開始時から申告期限まで、被相続人の貸付事業を承継すること
	事業継続要件	申告期限まで、その貸付事業を営んでいること
	保有継続要件	申告期限まで、その宅地等を保有していること

② 相続した親族が申告期限までに死亡した場合

イ 第2次相続の被相続人が第1次相続の被相続人の貸付事業を引き継いだ後に死亡する場合

被相続人（第1次相続）から貸付事業用宅地等を取得したその親族が、第1次相続の申告期限前に死亡した場合（第2次相続）、その親族から相続等によりその宅地等を取得したその親族の相続人が①の表の要件を満たせば貸付事業用宅地等として特例の適用を受けることができます（措通69の4-15）。

この場合の申告期限は、相続税法第27条第2項（相続税の申告書）の申告期限をいいます。相続税法第27条第2項の規定は、相続税の申告書を提出すべき者が提出期限前に申告書を提出しないで死亡した場合、その者（第2次相続の相続人）は、第2次相続の開始があったことを知った日の翌日から10か月以内に第1次相続の被相続人の相続税の申告書を提出することとなっています。

ロ　第2次相続の被相続人が第1次相続の被相続人の事業を引き継ぐ期間がなく死亡した場合

第2次相続の被相続人が第1次相続の被相続人の事業を引き継がず死亡した場合、第2次相続の相続人が特例の適用ができないことになりますので、このような場合であっても、第1次相続の被相続人から第2次相続の相続人に直接事業が引き継がれたとしても特例の適用ができます（措通69の4-15注）。

⑵　生計一親族の貸付事業の用に供されていた宅地等

生計一親族が貸付事業の用に供されていた宅地等を相続等により取得した場合、特例が適用できるのはその生計一親族です。生計一親族の貸付事業の用に供している場合、その親族は被相続人から無償で借用していなければなりません。これは、被相続人が生計一親族に対し有償で貸し付けていた場合、相続によりその宅地等をその生計一親族が相続したとすると、賃借人と賃貸人が同一人となり被相続人の事業を継続したことにならないと考えられるからでしょう。

取得者	要件	適用要件の内容
生計一親族	事業継続要件	相続開始前から申告期限までその生計一親族の貸付事業の用に供していること
	保有継続要件	相続開始時から申告期限まで、引き続きその宅地を保有していること

5　減額割合

貸付事業用宅地等は200 m^2 を限度として50％減額します。

特定事業用等宅地等及び特定居住用宅地等と併用する場合は、第1章Section

8（適用限度面積要件）において解説します。

限度面積	加算割合	減額割合
200 m^2	50 %	50 %

6 申告期限までに貸付事業用建物等を建て替えた場合

貸付事業用宅地等を取得した者が、申告期限までに貸付事業用建物を建て替えた場合の取扱いは、措置法通達69の4-19の取扱いを準用します（措通69の4-19）。第2章 Section 6（申告期限までに事業用建物等を建て替えた場合）を参照してください。

[事例で確認]

CASE 生計別の親族に使用貸借で貸していた宅地

Q 駅前にある更地の利用を図るため及び相続税対策として、次男が使用貸借で父所有の宅地にアパートを建てました。次男は、生計を別にしています。父の相続税の申告において、この宅地は小規模宅地等の特例が適用できるでしょうか。

A 小規模宅地等の特例は、基本的に被相続人の居住や事業を継続することを目的としています。そのため生計を一にする親族が、被相続人の生活を支えていることが背景にあります。生計を別にしている親族の事業や貸付事業のための土地は、その親族の生活のためであることから特例の対象になりません。

7 青空駐車場

(1) 構築物の敷地

特例の要件は、建物又は構築物の敷地の用に供している土地ですが、構築物があればその敷地は事業の用に供しているということにはなりません。

(2) 青空駐車場設備の判断

小規模宅地等の特例の適用に当たっては、事業性を認識し得る程度の資本投下があり、ある程度堅固な施設である建物又は構築物の敷地として利用されているものであることが必要です。構築物といっても、物的施設に乏しく、撤去や除去が容易な場合又は特段の撤去や除去を要しない場合、常に転用できる状態にあります。そのような宅地についても特例の適用ができるとすると制度本来の主旨を逸脱することになります。簡易な仕切りや砂利が施された程度の青空駐車場はまさしくこの考え方にはまります。

駐車場業の敷地は、建物等の敷地である宅地等に該当しませんが、特例の取扱いでは対象となります。ただし、小規模宅地等の特例は建物又は構築物の敷地の用に供されていることが前提です。更地をそのまま貸し付けているような場合は単に空閑地の貸付けであり、特例に該当しないことは明白ですから問題とならないでしょう。更地をロープ等で区切って貸している青空駐車場をよく見かけます。更地を駐車場として貸し付けている場合、契約が1年程度の短期間であることが多く、人的、物的制約が少なく、土地所有者がいつでも処分又は他の業態に転用できることから、特例の対象にはなりえません。

そもそも青空駐車場は、財産評価においても自用地として評価されます。他人の権利による障壁がないからです。特例の適用対象となるには、土地にアスファルト舗装をするとか何らかの構築物が敷設されていることが必要です。青空駐車場は相続税対策として何らかの手当てをしておく必要があるでしょう。ただし、構築物等の設備費用と相続税の緩和額との検討が必要です。東京高裁2009年（平成29年）6月25日判決においても「租税特別措置法69条の4の定める小規模宅地等の特例の適用を受けるためには、建物又は構築物の敷地の用に供されていることが当然の前提とされているものと解すべきは明らかである。」として青空駐車場に特例の適用を認めませんでした（TAINS Z259-11233）。

賃借人が土地を借用してその上に構築物を立てた場合、構築物の敷地の用に供していることになることから特例の対象となります。コインパーキング業者に貸し付けて業者が構築物を設置しているような場合をいいます。なお、特定事業用宅地等又は特定居住用宅地等の場合、建物又は構築物の所有者は被相続人又はその親族に限られます（措通69の4-4(2)、69の4-7）。

【裁決　2005年（平成17年）12月16日】
（砂利敷きの駐車場を構築物の敷地の用とはいえないと判断した事例）

請求人ら提出資料、原処分関係資料及び当審判所の調査の結果によれば、次の事実が認められる。

この土地には、通路の一部にアスファルト舗装がされ、駐車スペースに砂利が敷設されているところ、アスファルト舗装の面積は土地の面積の約８％程度である。土地のフェンスは、金属製のパイプを組み合わせただけのものである。

・・・・・・・・・・

ところで、本件特例により相続税の軽減を図っている趣旨は、事業の用に供されていた宅地等の必要最小限の部分については、相続人等の生活基盤の維持や個人事業の承継に欠くことができないこと、事業が雇用の場であり取引先等と密接に関連していることなど、処分面での制約があることを考慮したものと解される。

そうすると、本件特例の適用に当たっては、当該宅地等が事業性を認識し得る程度の資本投下がされたある程度堅固な施設である建物又は構築物の敷地として利用されているものであることが必要であり、かつ、その敷地の利用目的となっている当該施設を利用した事業が行われていることが必要であると解される。

したがって、構築物といっても、物的施設に乏しく、その宅地等の転用に際し、その撤去や除去が容易な場合や特段の撤去や除去を要しない場合には、処分面の制約への配慮の必要性は非常に少ないということができるのであるから、そのような場合にまで、当該宅地等が構築物の敷地の用に供されているとして、本件特例により相続税の軽減を図ることを認めることは、その趣旨を逸脱するものであり、相当と認めることはできないというべきである。

Section 2

相続開始前３年以内に取得した貸付宅地等

1　貸付事業用宅地等についての旧取扱いの弊害

貸付事業用宅地等は 200 m^2 まで 50 ％の減額が認められています。そのため、相続開始直前に被相続人の金融資産又は借入等で土地建物等を取得することにより、財産価額が圧縮されます。借入金が多額であれば、他の財産の価額にも食い込むこともあります。更に、貸し付けることにより小規模宅地特例が適用できるという、相続税対策としてはこれ以上ないほどの節税効果がありました。しかし、このようなスキームが喧伝され、目に余る状況となっていました。特に取得価額が高額な割に評価額が低く抑えられているタワーマンションを取得する事例が多くあります。会計検査院の実地検査でも申告期限経過後、短期間で特例の適用を受けた宅地等を譲渡している事例が多いこと、そのうち貸付用不動産が多数を占めることが指摘されていました。

2　相続開始前３年以内に新たに貸付事業の用に供された宅地等の不適用

2018 年（平成 30 年）度税制改正において、従前の特例適用の不都合を解消すべく、相続開始前 3 年以内に新たに貸付事業の用に供された宅地等については貸付事業用宅地等の特例は適用できないこととなりました（措法 69 の 4 ③四)。平成 30 年 4 月 1 日以後に相続等により取得した宅地等に適用されています。

ただし、相続開始の日まで3年を超えて引き続き貸付事業を行っていた場合は、特定貸付宅地等として特例の適用が出来ます（措法69の4③四）。

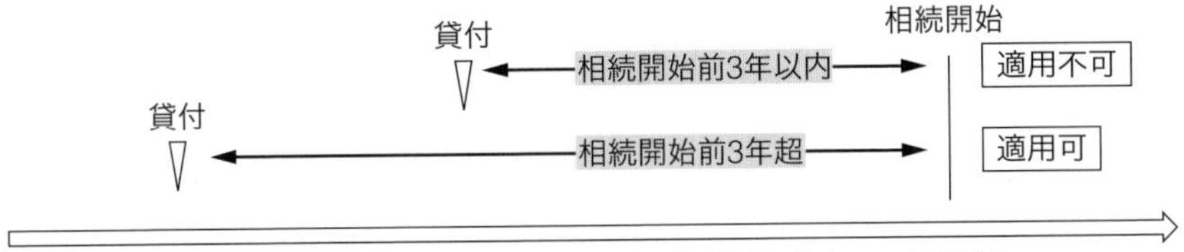

（例外：相続等の日まで3年を超えて事業的規模で貸付業を営んでいる場合）

3　新たに貸付事業の用に供されたか否かの判定

(1)　新たに貸付事業の用に供された場合

「新たに貸付事業の用に供された」とは、字の如く、遊休地や新規取得した土地等を貸付として活用することです。

次の場合をいいます（措通69の4-24の3）。

①　貸付事業の用以外の用に供されていた宅地等が貸付事業の用に供された場合

②　宅地等若しくはその上にある建物等が「何らの利用がされていない場合」であったものが、貸付事業の用に供された場合

(2)　建物等が一時的に賃貸されていない場合

貸付事業に係る建物等が賃貸の用に供されていなかったとしても、建替え等の場合があります。その期間が一時的と認められるときには、その建物等の敷地である宅地等は、上記の「何らの利用がされていない場合」に該当しません。次のケースが想定されますが、原則は「継続的に賃貸されていた建物等」が建替え等している場合を救済する措置であることに留意します。

賃貸の用に供されていない場合	適用できる場合
①　継続的に賃貸されていた建物等の賃借人が退去をした場合	・賃借人の退去後速やかに新たな賃借人の募集が行われ、賃貸されていたとき ・ただし、新たな賃借人が入居するまでの間、建物等を貸付事業の用以外の用に供していないときに限ります。 ・「新たに貸付事業の用に供された」時は、「賃借人の退去前」の時で判定します。
②　継続的に賃貸されていた建物等の建替えが行われた場合	・建物等の建替え後速やかに新たな賃借人の募集が行われ、賃貸されていたとき ・ただし、建替え後の建物等を貸付事業の用以外の用に供していないときに限ります。 ・「新たに貸付事業の用に供された」時は、建替え前の時で判断します。
③　継続的に賃貸されていた建物等が災害により損害を受けたため、貸付事業を休業した場合	・貸付事業の再開のための建物等の修繕その他の準備が行われ、貸付事業が再開されていたとき ・ただし、休業中にその建物等を貸付事業の用以外の用に供していないときに限ります。 ・「新たに貸付事業の用に供された」時は、休業前の時で判断します。

なお次の点に留意します。

イ　上記の判定は、相続開始前における状況のことをいいます。相続開始の時における②及び③の判断は次によります（措通 69 の 4–24 の 3 注)。

②　建替えのための建物等の建築中に相続が開始した場合	措置法通達 69 の 4-5（事業用建物等が建築中等に相続が開始した場合）
③　災害による損害のための休業中に相続が開始した場合	措置法通達 69 の 4-17（災害の場合事業が休止された場合）

ロ　②に該当する場合、建替え後の建物等の敷地の用に供された宅地等のうちに、建替え前の建物等の敷地の用に供されていなかった宅地等が含まれるときは、その宅地等については、新たに貸付事業の用に供された宅地等に該当します。貸付建物等の従前の敷地の周囲を別途所有しており、建替えに伴って敷地を拡張する場合や、従前の敷地をずらして建て替える場合などが想定されます。

(3) 建物等を移転した場合

建物等を移転して貸付の用に供することが想定されます。被相続人の事業の用に供している建物等を移転した場合、一定の要件で特例の適用が認められます。第2章 Section 9（事業用建物等の建築中等に相続が開始した場合）を参照してください。貸付事業用建物等を移転して事業の用に供していたとしても、その敷地である宅地等はもとより遊休土地であることから、新たに貸付事業の用に供したことになります。相続開始前3年以内に該当すれば、特例の適用は受けられません。遊休地を何とか貸付用として特例の対象にすることを封じ込める取扱いでしょう。ただし、貸付事業が特定貸付事業に該当すれば特例の対象となります。

(4) 従前からの賃貸借契約が更新された場合

従前からの賃貸借契約等が更新された場合は、当然、新たに貸付事業の用に供された場合に該当しません。

4 相続税の実務

相続開始の日まで3年を超えて引き続き準事業以外の貸付事業（特定貸付）を行っていた被相続人等の貸付事業に供されたものは、この除外規定の対象外です。特例を適用することができます。生前に5棟10室規模に拡大しておくことが選択肢の一つです。

事業的規模の判定は困難な場合があります。現行では形式基準だけが公表されていますが、面積の広い1室を貸す場合と狭く区切って5室を貸す場合の判断基準はないことから、近隣の相場で実質的判断する場合も出てくるでしょう。相続税の申告に当たって悩ましい事例です。生前のアドバイスが必要となります。

Section 3

一時的空室の場合

1　一時的に空室である場合

貸付事業は、当然のことながら相続開始時に現実に貸し付けていることが前提です。しかし貸付事業というのは頻繁に入退居が繰り返されており、入居と退居の間隙が必ず生じます。アパートの一部が契約切れとなっており空になっていたということはよくあります。この隙間で相続開始があった場合、その時点だけを捉えて貸付けの用に供していないとみるのは実態にそぐわないことであり、納税者感情からも納得を得られません。そこで、貸付事業に係る建物等のうちに相続開始の時において一時的に賃貸されていなかったと認められる部分がある場合、貸付事業に供していると判断します（措通69の4-24の2）。

一時的に賃貸されていなかったと認められる部分がある場合（以下「一時的空室」といいます。）は、実務的には事例が多くあり、判断に苦慮するところです。

2　一時的空室の取扱いから除外される場合

(1)　一時的空室の取扱いから除外される場合

一時的空室の取扱いは上記の通りですが、措置法通達69の4-5（事業用建物を建築中等に相続が開始した場合）の適用がある場合を除き、次の場合は一時的空室とはなりません（措通69の4-24の2）。

①　新たに貸付事業の用に供する建物等を建築中である場合

新たに貸付建物を建築中の場合、建築が完了し、引渡しを受けて初めて賃借人を募集し入居する手順を踏むことになります。相続開始時点では貸付の用に供しておらず、そもそも貸し付けるかどうか不明瞭です。このような建物の敷地である宅地は、貸付事業用とはなりえません。

②　新たに建築した建物等に係る賃借人の募集その他の貸付事業の準備行為が行われているに過ぎない場合

相続開始時点で貸付用の建物が完成していたとしても、賃借人が入居していないものについては、貸付事業用とは言えません。また、入居者を募集中である場合も同様です。既存の貸付事業用建物を再建築し、入居者を募集する場合とはおのずから取扱いが異なります。

(2)　措置法通達 69 の 4-5 の適用がある場合

措置法通達 69 の 4-5（事業用建物等の建築中等に相続が開始した場合）の適用がある場合とは、既述の通り、相続開始前から事業の用に供されている建物の建替えの場合は、その敷地である宅地は事業用宅地等に該当します。

3　一時的空室の判断

(1)　基準

一時的空室の基準は措置法通達 69 の 4-24 の 2 以外には示されていません。無期限の賃貸借契約はありません。貸借物の処分可能性を阻害するからです。貸付事業を継続していることは、賃貸借契約の更改、解除が頻繁に行われるということでもあります。相続開始時点が、契約の解除があり新規契約の前ということが十分に想定されます。この時点は、一般的には一時的なものと考えられます。そのため通達においても、一時的に賃貸されていない場合を想定しています。一時的とはどのくらいの期間をいうのかは、空室部分の改装状況、借地借家人の新規募集状況等を見たうえで判断することになるでしょう。

実務に当たってどのように判断するか。課税庁は参考として次の判断を示しています（資産課税課情報第18号平成22年7月13日、同第9号令和3年4月1日）。

「相続開始の直前に空室となったアパートの1室については、相続開始時において継続的に貸付事業の用に供していたものと取り扱うことができるか疑義が生ずるところであるが、空室となった直後から不動産業者を通じて新規の入居者を募集しているなど、いつでも入居可能な状態に空室を管理している場合は相続開始時においても被相続人の貸付事業の用に供されているものと認められ、また、申告期限においても相続開始時と同様の状況にあれば被相続人の貸付事業は継続されているものと認められる。

したがって、そのような場合は、空室部分に対応する敷地部分も含めて、アパートの敷地全部が貸付事業用宅地等に該当することとなる。」

(2) 財産評価基本通達における一時的空室

① 相続財産に係る貸家建付地の評価において、財産評価通達26（注2）では「賃貸されている各独立部分」には、「課税時期において、一時的に賃貸されていなかったと認められるもの」を含むとして、一時的に賃貸の用に供していない部分について貸家建付地の評価をすることができます。この評価においても一時的の判断基準はありません。

② 2017年（平成29年）5月28日大阪高裁判決では次のように判示しています。

「例外的な取扱いが認められるか否かを判断するに当たっては、賃貸されていない期間（空室期間）が重要な要素となることは明らかである。

そうすると、一時的空室部分該当性の判断に当たっては、現実の賃貸状況、取り分け、空室期間の長短を重要な要素として考慮しなければならないのであって、これを考慮せずに、本件各空室部分が「継続的に賃貸の用に供されている」状態にあるという理由のみで上記例外的な取扱いを認めることはできない。また、本件各空室部分の空室期間は、最も短い場合でも5か月であり、「例えば1か月程度」にとどまらずに、むしろ長期間に及んでいるといえるから、「一時的」なものであったとはいえない。」

この判断は、国税庁が公表している「1か月程度」を大幅に超えていることから、空室であった期間が長期に及んでいるとも捉えられます。空室期間が5か月程度は一時的とはいえないとしています。この事例は、財産評価の判断であり、空室期間の最短は5ヶ月、最長は59ヶ月、平均では36ヶ月であったことも影響しているでしょう。小規模宅地等の特例の本旨からも、一時的空室の判断に強い影響があるわけではないと考えられます。

③　通達の判断の参考として国税庁質疑応答（財産評価）では次の指針を示しています。

> (貸家建付地等の評価における一時的な空室の範囲)（抜粋）
>
> 2 「継続的に賃貸されてきたもので、課税時期において、一時的に賃貸されていなかったと認められる」部分の範囲
>
> アパート等の一部に空室がある場合の一時的な空室部分が、「継続的に賃貸されてきたもので、課税時期において、一時的に賃貸されていなかったと認められる」部分に該当するかどうかは、その部分が、
>
> ①　各独立部分が課税時期前に継続的に賃貸されてきたものかどうか、
> ②　賃借人の退去後速やかに新たな賃借人の募集が行われたかどうか、
> ③　空室の期間、他の用途に供されていないかどうか、
> ④　空室の期間が課税時期の前後の例えば1ケ月程度であるなど一時的な期間であったかどうか、
> ⑤　課税時期後の賃貸が一時的なものではないかどうか
>
> などの事実関係から総合的に判断します。

(3)　貸家建付地の評価の判断との関連

小規模宅地等の特例の適用に当たって、一時的空室の期間について特に言及していません。(1)の基準で判断するのでしょう。

第6章

配偶者居住権と小規模宅地等の特例

第6章では、2018年（平成30年）の民法改正により創出された配偶者居住権と小規模宅地等の特例とのかかわりを解説します。

配偶者居住権は配偶者の生活の場を確保するための方策です。建物に対して設定される権利であることから、宅地等の価額の緩和策である小規模宅地等の特例が適用される余地はありません。しかし、配偶者居住権を設定して建物を利用するということは必然的にその敷地を利用することであり、配偶者居住権に基づく敷地を利用する権利も同時に設定されます。この敷地を利用する権利に対しては小規模宅地等の特例が適用できます。

Section 1

小規模宅地等の特例と配偶者居住権

1　配偶者居住権とは

2018年（平成30年）7月6日に成立した改正民法において配偶者居住権が創設され、2020年（令和2年）4月1日に施行されました。

配偶者居住権とは、被相続人の配偶者（以下「配偶者」といいます。）が終身又は一定期間、被相続人が所有していた建物を無償で使用及び収益する権利です。配偶者の居住を民法上の権利として認められました。

2　配偶者居住権の評価の基本

(1)　配偶者居住権が設定されている場合の土地建物等の区分

相続税の計算の上では、配偶者居住権を一定の価額で評価して、相続財産として課税の対象とされました。配偶者居住権が設定された建物及びその敷地について、次の区分で評価します。土地及び建物の所有権に対して利用権が設定されたことから、評価が4区分となります。

①　配偶者居住権

②　配偶者居住権が設定された建物の所有権（配偶者居住権の負担付所有権。以下「建物所有権」といいます。）

③　配偶者居住権に基づく敷地利用権（以下「敷地利用権」といいます。）

④　敷地利用権が付された宅地の所有権（配偶者居住権に基づく敷地利用権

の負担付所有権。以下「敷地所有権」といいます。）

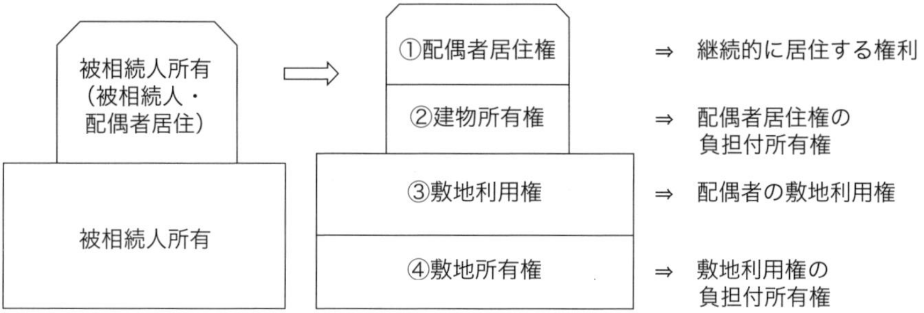

⑵　配偶者短期居住権

配偶者居住権と同時に創設された配偶者短期居住権及びそれに伴う敷地を利用する権利は、もとより相続税の課税対象となっていません。小規模宅地等の特例適用外です。

3　配偶者居住権等に対する小規模宅地等の適用

典型的な例は、居住用財産を所有していた父親が死亡し、子が取得した建物に配偶者居住権を設定した場合です。民法改正時は先妻の子と後妻との関係で、後妻の居住権の確保が主旨のようでしたが、母と同居する子が設定することは何ら不都合はありません。むしろ相続税の緩和を狙って設定することが多いでしょう。母親は敷地利用権に対して小規模宅地等の特例を適用し、子は要件を満たすことができれば敷地所有権に特例を適用できます。更に配偶者居住権者である母親が死亡した場合、配偶者居住権は相続税の課税対象とならず、子が土地建物を取得できます。

権利	小規模宅地等の特例
①配偶者居住権	適用不可
②建物所有権	適用不可
③敷地利用権	適用可
④敷地所有権	適用可

⑴　配偶者居住権に対する小規模宅地等の特例の適用

配偶者居住権は建物に設定される権利であることから、特例対象宅地等に該当しません。

⑵　敷地利用権に対する小規模宅地等の特例の適用

配偶者居住権に基づく敷地利用権は土地を利用する権利であること、配偶者居住権が配偶者の従前の居住環境での生活の継続等を主旨としていること、小規模宅地等の特例が居住の継続等への配慮にあること等を踏まえ、土地の上に存する権利に該当するものとして、特例の対象になります（措通 69 の 4-1 の 2)。

敷地利用権は「土地の上に存する権利」ではなく、あくまでも賃借権類似の配偶者居住権に基づく敷地を利用する権利です（民法（相続関係）等の改正に関する中間試案の補足説明-法務省（平成 28 年 7 月))。家屋を利用する類似の権利である借家権についても、借家人はその敷地を利用する権利がありますが、その権利は財産権として課税の対象にはならず、小規模宅地等の特例の概念はありません。配偶者居住権に基づく敷地利用権は、単に土地を利用する権利であり、土地の上に存する権利ではないことは明白であり、整合性が取れていないでしょう。国税庁の説明では敷地利用権は土地を利用する権利であることから土地の上に存する権利に該当するとしています（改正のあらまし)。課税関係を説明するための一つの方便でしょう。土地の上に存する権利の一種とした場合、分離課税の対象です。配偶者居住権を任意に消滅させて対価の授受がある場合、譲渡所得として課税の対象となりますが、この場合の課税区分は分離課税から明確に除外され（措通 31・32 共-1)、総合課税となっておりこの点においても課税上の整合性が取れていません。

いずれにせよ、現行の取扱いでは敷地利用権は小規模宅地等の特例が適用できます。

⑶　敷地利用権が付された宅地に対する適用

敷地利用権が付された敷地所有権は、所有者が特例適用要件を具備する限り特例の適用ができます（措通69の4-1の2）。

4　特例適用対象地の配分計算

⑴　適用限度面積

敷地利用権及び敷地所有権は別個に存在するのではなく、敷地所有権の上に敷地利用権を設定しています。利用権及び所有権という異なった権利があることから小規模宅地等の特例はそれぞれ330 m^{2}まで適用できると捉えられるかもしれませんが、それぞれの権利を併せて330 m^{2}が限度面積となります。敷地利用権及び敷地所有権に区分された同一土地に対する適用となるため、特例対象宅地の面積以上の適用ができません。

小規模宅地等の面積（m^2）	限度面積
敷地利用権(A)	A＋B≦330 m^2
敷地所有権(B)	

⑵　敷地利用権及び敷地所有権の面積の配分計算

敷地利用権又は敷地所有権の特例対象宅地等の面積は、次の算式により計算された面積であるものとみなして小規模宅地等の特例が適用されます。したがって、限度面積要件については、この算式に基づき計算された面積により判定します（措令40の2⑥）。

敷地全体の面積を配偶者居住権及び敷地所有権の価額比で案分する計算です。敷地を所有する者についても要件を充足すれば特例が適用できることから、合理的な配分です。借地権と土地所有権（底地）との考え方と異なることに留意します。

（面積配分の算式）

① 敷地利用権の面積

$$\text{特例対象宅地等の面積} \times \frac{\text{敷地利用権の価額}}{\text{宅地等の価額}_{(*)}}$$

② 居住建物の敷地の用に供される宅地等の面積

$$\text{特例対象宅地等の面積} \times \frac{\text{敷地所有権の価額}}{\text{宅地等の価額}_{(*)}}$$

＊ 「宅地等の価額」とは「配偶者居住権に基づく敷地利用権の価額及び居住建物の敷地の用に供される宅地等の価額の合計額」をいいます。配偶者居住権が設定された宅地の自用地としての価額です。

⑶ 配偶者居住権及びその敷地の全部を配偶者が取得した場合

配偶者居住権及びその敷地の全部を配偶者が取得した場合、配偶者は相続により宅地等そのものを取得しており、措置法令第40条の2第6項の規定の適用はなく、面積の調整計算は不要です。

⑷ 宅地等が相続又は遺贈により数人の共有に属することとなった場合

宅地等が相続等により数人の共有に属することとなった場合、配偶者が取得した敷地の用に供される宅地等の所有権（共有持分）及び敷地利用権並びに他の相続人等が取得した敷地の用に供される宅地等の所有権（共有持分）について、それらのいずれも特例対象宅地等として選択することができるため、面積の調整をします（措令40の2⑥）。

［事例で確認］

CASE 配偶者居住権が設定された宅地への適用

Q 自宅の土地建物を所有していた被相続人Aの相続人は配偶者B、子C及び子Dの3名です。Bは居住用家屋に配偶者居住権を設定しました。建物はCが取得し、敷地はC及びDがそれぞれ2分の1を取得しました。相続人全員小規模宅地等の特例を適用できるでしょうか。なお、相続開始前はA、B及びCが同居し、相続開始後はB及びCが同居しています。DはA等とは別に居住しており生計を別にしています。土地の面積は200 m^{2}です。

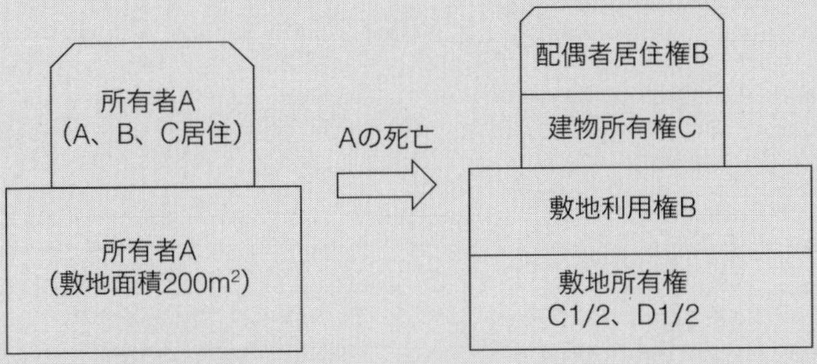

宅地等の価額は次の通りです。

権利	相続税評価額
配偶者居住権の設定がないものとした宅地等の価額(a)	20,000,000円
敷地利用権の価額(b)	9,000,000円
敷地所有権の価額(c)	11,000,000円

A 各人の取得した権利の価額を計算します。基本的な考え方は、敷地の面積を敷地利用権及び敷地所有権に配分します。そして適用可能面積を算出します。敷地利用権及び敷地所有権の合計面積の適用限度は330 m^{2}です。

1　敷地利用権及び敷地所有権の面積の配分は次の通りです。

①　敷地利用権の面積

特定居住用宅地等の特例適用面積は、330 m^{2}までですが、敷地利用権及び敷地所有権のそれぞれに330 m^{2}の適用ができるわけではなく、敷地利用権の設定されている土地の面積が限度となります。

権利	権利の面積	計算式
敷地利用権	90 m^2 (d)	200 m^2（土地面積）× 9,000,000円(b) / 20,000,000円(a)
敷地所有権	110 m^2 (e)	200 m^2（土地面積）× 11,000,000円(c) / 20,000,000円(a)

② Bが取得した敷地利用権のうち特定居住用宅地等に該当する面積及び金額

面積	90 m^2 (d)
金額	9,000,000 円

③ Cが取得した宅地等のうち特定居住用宅地等に該当する面積及び金額

面積	55 m^2	110 m^2 (e)×1/2（Cの持分）
金額	5,500,000 円	11,000,000円×1/2（Cの持分）

④ Dが取得した宅地等のうち特定居住用宅地等に該当する面積及び金額

面積	55 m^2	110 m^2 (e)×1/2（Dの持分）
金額	5,500,000 円	11,000,000円×1/2（Dの持分）

2　小規模宅地特例の適用

① B及びCが取得した部分

B及びCが取得した部分の合計面積145 m^2 は限度面積を超えていないこと等、特定居住用宅地等の要件を満たしていることから小規模宅地等の特例が適用できます。

② Dが取得した部分

Dが取得した部分は限度面積以下ではありますが、同居親族要件を満たしていないことから、特例の適用はできません。

Section 2

配偶者居住権の事業用部分の範囲

1 配偶者居住権を設定した時に貸付部分がある場合

(1) 配偶者居住権を設定した時

配偶者居住権の設定に係る相続等により貸付事業に係る建物等（配偶者居住権の目的とされたものに限ります。）の敷地の用に供されていた宅地等を取得した場合、宅地等のうち配偶者居住権に基づく敷地利用権に相当する部分については、貸付事業の用に供されていた宅地等に該当しません（措通 69 の 4-24 の 2 注 2)。配偶者居住権を設定した時の相続（第 1 次相続）における被相続人等の事業の用に供されていた宅地等の判定は、相続開始の直前の現況によります。民法上、配偶者居住権は居住建物の全部に及ぶこととなっていますが、配偶者居住権が設定される前から居住建物を賃借している賃借人に対して権利を主張することができないことから、賃貸部分を除外して計算します。貸付事業の用に供されていた部分は、第 1 次相続の被相続人（死亡した配偶者）との契約によるものであり、それは建物所有者が引き継ぐことになると考えられます。貸付事業の用に供していた部分も含めて配偶者居住権があるわけではないからです。原則的な判定で、措置法通達 69 の 4-4 の取扱いです。第 2 章 Section 2 (特定事業用宅地等の要件）を参照してください。

(2) 具体的な適用できる部分

賃貸や配偶者と共有している部分がある場合は、賃貸又は共有していない部分のみが適用になります。賃貸部分以外の部分は配偶者の居住用部分に限らず、非利用部分も含まれることから、賃貸部分のみを除くことに留意します。

なお、賃貸部分は別途評価します。

具体的には次によります（相法23の2①③、相令5の7①②③）。

区分	適用できる部分の求め方
①　賃貸の場合	・建物に配偶者居住権が設定されておらず、かつ、賃貸の用に供していないとした場合の建物の時価×賃貸の用に供されている部分以外の部分の床面積÷居住建物の床面積 $\text{自用家屋の評価額}\times\frac{\text{賃貸部分以外の床面積}}{\text{居住建物の総床面積}}$ ・③の場合を除きます。 ・分子は賃貸部分以外の床面積であることから、居住用部分以外の全ての部分、つまり自用となる部分です。③においても同じ。
②　配偶者と共有の場合	・建物に配偶者居住権が設定されていないものとした場合の建物の時価×被相続人の居住建物の持分割合 自用家屋の評価額×被相続人の持分割合 ・③の場合を除きます。
③　賃貸かつ配偶者と共有の場合	・建物に配偶者居住権が設定されておらず、かつ、賃貸の用に供していないとした場合の建物の時価×（賃貸の用に供されている部分以外の部分の床面積÷居住建物の床面積）×被相続人の居住建物の持分割合 $\text{自用家屋の評価額}\times\frac{\text{賃貸部分以外の床面積}}{\text{居住建物の総床面積}}\times\text{被相続人の持分割合}$

2　配偶者居住権を設定した家屋に事業用部分がある場合

(1)　事業用部分

配偶者居住権は民法第1028条において「被相続人の配偶者は、被相続人の財産に属した建物に相続開始の時に居住していた場合において、次の各号のいずれかに該当するときは、その居住していた建物の全部について無償で使用及び収益をする権利を取得する。」と規定されています。建物に事業用又は貸付用（以下「事業用」といいます。）等、居住用以外の部分がある場合においても、その建物の全部について使用収益する権利があるように理解されます。しかし、事業用部分について、配偶者居住権を取得した時に必然的に配偶者に帰属することはないでしょう。事業用部分が配偶者に帰属すると、建物の減価償却がどこの部分にも適用できないことになります。

課税実務上は、配偶者居住権部分と事業用部分を区分するのが合理的です。遺産分割等において特に取り決めがない場合、事業用部分は建物所有者に帰属します。そのことにより、建物所有者の減価償却の問題も解決します。

⑵　具体的考え方

例えば、2階建て建物の1階部分に夫婦が居住し、2階部分を賃貸用として利用していた家屋に、子が配偶者居住権を設定した場合は、次のような取扱いとなります。子が取得した2階部分は貸家で、それに応じた敷地は貸家建付地となり貸付事業用宅地として特例が適用できます。もちろん子は1階部分について、要件を満たせば特定居住用宅地として特例が適用できます。

		配偶者	子
2階部分	家屋	—	所有権
	敷地	—	所有権
1階部分	家屋	配偶者居住権	配偶者居住権付所有権
	敷地	敷地利用権	敷地利用権付所有権

Section 3

配偶者居住権が設定された後に相続が開始した場合

1 配偶者居住権が設定された後に相続が開始した場合

配偶者居住権が設定されて、その後に相続が開始した場合、次のパターンで小規模宅地等の特例を検討します。

① 配偶者居住権を有する者（以下「配偶者居住権者」といいます。）に相続が開始した場合

② 配偶者居住権が設定されている建物又はその敷地の所有者に相続が開始した場合

2 配偶者居住権者に相続が開始した場合

⑴ 居住用部分について

配偶者居住権者が死亡した場合、配偶者居住権は消滅し、配偶者居住権及び敷地利用権はそれぞれの権利が設定されている建物等又は宅地等の所有者に帰属します（民法1036の準用による民法597①③）。相続税法の規定にはありませんが、令和元年度税制改正の解説「相続税法の改正」において次のように解説しています。「配偶者が死亡した場合には、民法の規定により配偶者居住権が消滅することとなります。この場合、居住建物の所有者はその居住建物について使用収益ができることとなりますが、民法の規定により（予定どおり）配偶者居住権が消滅するものであり、配偶者から居住建物の所有者に相続を原因

として移転する財産はありませんので、相続税の課税関係は生じません（配偶者居住権の存続期間が終身ではなく、例えば10年といった有期で設定されて存続期間が満了した場合も、同様に贈与税の課税関係は生じません。）。」

配偶者居住権及び敷地利用権は相続税の課税対象とならないことから、小規模宅地等の特例の検討外です。なお、建物等及び宅地等所有者は、配偶者居住権が消滅しそれらを自由に利用する権利を無償で取得することになりますが、その利益に対しても課税の対象にはなりません。

⑵　事業用部分について

配偶者居住権の設定後に配偶者居住権者は建物等の所有者の承諾を得てその建物等を第三者に賃貸し、貸付事業の用に供することができます（民法1032③)。その貸付事業の用に供している建物等の部分は、配偶者が配偶者居住権に基づき使用・収益している部分であるため、配偶者居住権に基づく敷地利用権については、配偶者の貸付事業の用に供しているものとなります。配偶者居住権者に相続が開始したとき（第2次相続)、つまり、宅地等が相続の開始（第2次相続）の直前において配偶者居住権に基づき使用又は収益されていた建物等の敷地の用に供されていたものである場合、配偶者居住権を設定した第1次相続の考え方に基づいて、次に掲げる宅地等を事業用宅地等と取り扱います(相通69の4-4の2)。

①　他に貸し付けられていた宅地等
　その貸付けが事業に該当する場合に限ります。
　相当の対価を得て継続的貸付けの用に供されている状況は、配偶者居住権の設定がない場合と同様の取扱いです。
②　①以外の宅地等を除き、被相続人等の事業の用に供されていた次に掲げる建物等（被相続人等又はその他親族（生計一親族を除く親族のこと）が所有していた建物等をいいます。）の敷地の用に供されていた宅地等
　イ　被相続人等が配偶者居住権者であるもの
　　配偶者居住権者が被相続人等であり、建物等を被相続人等の事業の用に供していた場合、宅地等は被相続人等の事業の用に供していたこととなります。
　ロ　その他親族が配偶者居住権者であるもの

被相続人等が建物等を配偶者居住権者であるその他親族から無償で借り受けていた場合におけるその建物等に限ります。

上記の場合について「相続税法基本通達等の一部改正についてのあらまし」（令和２年７月７日）では、次のように解説されています。

「当該相続が配偶者居住権の設定に係る相続（1次相続）の場合については、この「被相続人等の事業の用に供されていた宅地等」の判定が相続開始の直前（配偶者居住権の取得前）の現況により行われることから、この場合における判定は現行と同様の取扱いとなるため、本通達ではなく、69の4－4の取扱いとなる。他方で、相続開始の直前において、建物等が、配偶者居住権者により、配偶者居住権に基づいて使用・収益されていたものであるときは、上記の現行の取扱い及び配偶者居住権の法的性質を踏まえ、次のとおり取り扱う。

① 被相続人の有する宅地等が被相続人以外の者に相当の対価により継続的に貸し付けられていた場合には、現行と同様に、その貸付規模等を問わず、その宅地等は被相続人の不動産貸付に係る事業の用に供されていたものとなる。

② 上記①の宅地等に該当しない宅地等について、「被相続人等又はその他親族」の所有する建物等が配偶者居住権の目的となっていた場合には、配偶者居住権者が当該建物等の全部について無償で使用・収益する権利を有していることから（注1）、上記の現行の取扱いも踏まえ、この場合における当該建物等は、配偶者居住権者の用に供されていたものとして、その配偶者居住権者がその建物等をどのように利用していたかにより判定することとなる（注2）。なお、配偶者居住権者（配偶者居住権を有する被相続人等又はその他親族をいう。）が無償で当該建物等を貸し付けて、「被相続人等」がその事業の用に供していた場合には、現行の取扱いを踏まえ、事業の用に供しているその「被相続人等」の建物等の利用状況に基づき、「被相続人等の事業の用に供されていた宅地等」に該当するかどうかを判定する。具体的には次のとおり。

（注）1 居住建物の所有者については、債務者として、配偶者（債権者）による無償での居住建物の使用を受忍する負担を負う。また、配偶者に対し、配偶者居住権の設定の登記を備えさせる義務を負い、その登記がされたときは、配偶者は、居住建物について物権を取得した者その他の第三者に、配偶者居住権を対抗することができる（民法1031）。

2　配偶者居住権の目的となっている建物等であっても、1次相続の開始前（配偶者居住権の設定前）から引き続き建物等が貸し付けられ、配偶者居住権者がその賃借人に権利を主張することができない場合など、実質的に配偶者居住権に基づき当該建物等を使用・収益していない場合には、この取扱いでなく、現行と同様（69の4-4）の取扱いとなる。

イ　配偶者居住権者である「被相続人等」がその建物等（被相続人等又はその他親族が建物等所有者である場合の当該建物等をいう。ハまでにおいて同じ。）を自己の事業の用に供していた場合には、その宅地等は、その「被相続人等」の事業の用に供されていた宅地等となる。

ロ　配偶者居住権者である「被相続人等」が、その建物等を、建物等所有者の承諾を得て他の者に相当の対価により継続的に貸し付けていた場合には、その宅地等は当該配偶者居住権者である「被相続人等」の不動産貸付に係る事業の用に供されていた宅地等に該当する。

ハ　配偶者居住権者である「被相続人等又はその他親族」がその建物等を無償で貸し付けていた場合において、配偶者居住権者以外の「被相続人等」が当該建物等を無償で借り受けて当該建物等を事業の用に供していたときは、当該宅地等は当該「被相続人等」の事業の用に供されていた宅地等に該当する。

（注）　配偶者居住権者である「その他親族」が、相当の対価により継続的に被相続人等に当該建物等を貸し付けていた場合には、当該宅地等は「その他親族」の不動産貸付に係る事業の用に供されていた宅地等に該当するので、この特例の適用はないこととなる。

3　配偶者居住権の目的となっている家屋の敷地の所有者に相続が開始した場合

相続の開始の直前において、配偶者居住権の目的となっている家屋の敷地の所有者から相続又は遺贈により取得した宅地等は、次の⑴及び⑵に掲げる宅地等が居住用宅地等に該当します（措通69の4-7の2）。

配偶者居住権が設定された宅地等の所有者が死亡した場合における宅地所有

者（2次相続の被相続人）に係る小規模宅地等の特例の適用についての取扱いです。その宅地等に係る建物に居住している者が被相続人であれば、適用できます。

⑴　相続の開始の直前において、被相続人等の居住の用に供されていた次の家屋の敷地の用に供されていた宅地等

この場合の家屋とは、被相続人又は被相続人の親族が配偶者居住権者である場合のその配偶者居住権の目的となっている家屋をいいます。

一般的には、配偶者居住権者である母親と子が同居している状況を想定します。被相続人とは第2次相続の被相続人である子のことです。また、子が持家なき親族の場合でも同様です。

家屋の所有者	居住の要件
被相続人	被相続人等が、その家屋を配偶者居住権者から借り受けていた場合、無償で借り受けていた家屋に限ります。
被相続人の親族	家屋を所有していた被相続人の親族がその家屋の敷地を被相続人から無償で借り受けており、かつ、被相続人等が家屋を配偶者居住権者から借り受けていた場合、無償で借り受けていた家屋に限ります。

⑵　老人ホーム等への入居等の事由（措令40の2②）により被相続人の居住の用に供されなくなる直前まで、被相続人の居住の用に供されていた次の家屋の敷地の用に供されていた宅地等

老人ホーム等への入居等の場合は、別途解説します。

家屋の所有者	要件
被相続人	被相続人が家屋を配偶者居住権者から借り受けていた場合、無償で借り受けていたときにおける家屋に限ります。
被相続人の親族	家屋を所有していた被相続人の親族がその家屋の敷地を被相続人から無償で借り受けており、かつ、被相続人等が家屋を配偶者居住権者から借り受けていた場合、無償で借り受けていた家屋に限ります。 この場合において、被相続人の居住の用に供されなくなった後、事業の用又は新たに被相続人等以外の者の居住の用に供された宅地等は除きます。

第7章

その他の取扱い

第７章では、第６章までに解説した以外の小規模宅地等の特例にかかわる取扱い、例えば個人事業用資産の納税猶予制度とのかかわり、小規模宅地等の選択替えについて等を解説します。

Section 1

個人事業用資産の納税猶予と小規模宅地特例

1　個人の事業用資産についての相続税の納税猶予制度の概要

(1)　税制の概要

「個人の事業用資産についての相続税の納税猶予及び免除」制度（以下「相続税の納税猶予」といいます。）とは、中小企業における経営の承継の円滑化に関する法律（以下「円滑化法」といいます。）の認定を受けた相続人又は受遺者（以下「特例事業相続人等」といいます。）が、青色申告（正規の簿記の原則によるものに限ります。）に係る事業（不動産貸付業等を除きます。）を行っていた被相続人からその事業に係る一定の資産（以下「特定事業用資産」といいます。）の全てを相続等により取得し、その事業を営んでいく場合、特例事業相続人等が納付すべき相続税のうち、特定事業用資産に係る課税価格に対応する相続税の納税が猶予され（以下猶予される相続税額を「事業用資産納税猶予税額」といいます。）、特例事業相続人等が死亡した場合等には、その全部又は一部が免除される制度のことをいいます（措法70の6の10）。

免除されるまでに、特定事業用資産を特例事業相続人等の事業の用に供さなくなった場合など一定の場合には、事業用資産納税猶予税額の全部又は一部について納税の猶予が打ち切られ、その税額と利子税を納付しなければなりません。

この特例は、平成31年度税制改正により非上場株式等の納税猶予制度の個人版として創出され、「相続税」「贈与税」及び「贈与者が死亡した場合の納税猶予」があります（措法70の6の8他）。通称「個人版事業承継税制」といいます。2019年（平成31年）1月1日から2028年（令和10年）12月31日までの相続等により特定事業用資産を取得した場合に適用されます。

⑵　制度の対象となる資産

相続税の納税猶予の対象となる「特定事業用資産」は、先代事業者（被相続人）の事業の用に供されていた次の資産です。なお、相続等の日の属する年の前年分の事業所得に係る青色申告書の貸借対照表に計上されていたものをいいます（措法70の6の10②）。

特定事業用資産	限度面積	事業用資産の要件
①　宅地等	400 m^2	・建物又は構築物の敷地の用に供されていること ・棚卸資産ではないこと ・事業の用に供されている部分に限られること
②　建物	800 m^2	・事業の用に供されていた建物であること ・棚卸資産ではないこと ・事業の用に供されている部分に限られること
③　②以外の減価償却資産で右記のもの	—	・固定資産税の課税対象とされているもの ・自動車税・軽自動車税の営業用の標準税率が適用されるもの ・その他上記に準ずるもの（貨物運送用など一定の自動車、乳牛・果樹等の生物、特許権等の無形固定資産）

2　個人版事業承継税制との適用関係

⑴　個人版事業承継税制との併用不適用

先代事業者（被相続人）に係る相続等により取得した事業用宅地等は小規模宅地等の特例及び相続税の納税猶予の特例の対象となります。どちらも、個人の事業を承継するための相続税の緩和税制であり、限度面積が400 m^{2}ですが、両方適用できるとなると、過分な緩和となります。そのため、小規模宅地等の特例又は相納税の納税猶予のどちらかを選択して適用します。

被相続人が次に掲げる者に該当する場合、全ての特定事業用宅地等について、小規模宅地等の特例を適用することができません（措法69の4⑥)。

① 個人の事業用資産についての贈与税の納税猶予の適用を受けた特定事業受贈者に係る贈与者

事業用資産について、贈与税の納税猶予を受けた特例適用受贈者に係る贈与者から相続等により取得した特定事業用宅地等及び贈与者が死亡した場合の相続税の課税の特例の規定により相続等により取得した特定事業用宅地等については小規模宅地等の特例の適用はできません（措法69の4⑥)。

② 個人の事業用資産についての相続税の納税猶予の適用を受けた特定事業相続人に係る被相続人

相続により事業用宅地を取得した場合、他の相続人等が、生前に贈与税の納税猶予の特例を適用している場合や、相続後に相続税の納税猶予の特例を適用した場合、その取得した事業用宅地等は小規模宅地特例の適用ができません。

⑵ 他の小規模宅地等についての適用

特定居住用宅地等、特定同族会社事業用宅地等及び貸付事業用宅地等については、措置法第69条の4第6項の規定から除外されていますので、要件を満たせば適用できます（措通69の4−26の2注2)。

① 特定同族会社事業用宅地等がある場合

特定同族会社事業用宅地等について小規模宅地等の特例を適用した場合、相続税の納税猶予の適用ができますが、両特例の限度面積が400 m^2であることから400 m^2から特定同族会社事業用宅地等の面積を控除した面積が納税猶予適用面積となります。

他に貸付事業用宅地等がある場合、②の貸付事業用宅地等の調整計算をします。

② 貸付事業用宅地等がある場合

貸付事業用宅地等について、小規模宅地等の特例を適用した場合、相続税の納税猶予の適用を受ける面積は次の調整計算をします。

適用対象となる宅地等の限度面積

$$400\,\text{m}^2 - 2 \times \left(\text{A} \times \frac{200\,\text{m}^2}{330\,\text{m}^2} + \text{B} \times \frac{200\,\text{m}^2}{400\,\text{m}^2} + \text{C} \right)$$

A：特定居住用宅地等の面積

B：特定同族会社事業用宅地等の面積

C：貸付事業用宅地等の面積

③　特定居住用宅地等がある場合

特定居住用宅地等がある場合、相続税の納税猶予制度は影響がありませんので、特定居住用宅地等の限度面積 330 m² まで目一杯適用できます。

他に貸付事業用宅地等がある場合、②の貸付事業用宅地等の調整計算をします。

⑵　整理

上記の適用関係を整理すると次の通りです。

小規模宅地等の区分	相続税の納税猶予の適用
特定事業用宅地等	適用不可
特定同族会社事業用宅地等	限度面積の計算 「400 m²－特定同族会社事業用宅地等の面積」
貸付事業用宅地等	限度面積の計算 「$400\,\text{m}^2 - 2 \times \left(\text{A} \times \frac{200\,\text{m}^2}{330\,\text{m}^2} + \text{B} \times \frac{200\,\text{m}^2}{400\,\text{m}^2} + \text{C} \right)$」
特定居住用宅地等	適用制限はない。

[事例で確認]

CASE1　既に贈与税の納税猶予の特例を適用していた土地がある場合の、小規模宅地特例の適用

Q｜被相続人Aは、子Bに生前に甲宅地を含む事業用資産を贈与し、Bは個人事業用資産の贈与税の納税猶予の特例を適用して申告しました。Aの相続財産の中に、Bに贈与した以外の事業用宅地乙があったので、これを

子Cが相続しましたが、乙宅地について小規模宅地等の特例が適用できますか。

A　既にBが贈与税の納税猶予の特例を適用していることから、Cが取得した宅地について特定事業用宅地等の特例を適用することはできません。

CASE2　貸付宅地がある場合の限度面積の計算

Q　被相続人Aの事業を引き継いだ子Bは、事業用資産の相続税の納税猶予制度を適用したいと考えています。貸宅地（110 m^2）があるので小規模宅地等の特例を適用した場合、納税猶予の適用を受けることができる面積は、どのくらいでしょうか。

A　次の計算により、180 m^2 まで適用できます。

$$400\ m^2 - (2 \times 110\ m^2) = 180\ m^2$$

もし貸宅地が特定同族会社事業用宅地等であれば次の計算により、290 m^2 まで納税猶予の適用を受けることができます。

$$400\ m^2 - 110\ m^2 = 290\ m^2$$

3　相続税の実務

事業用資産の納税猶予制度は、適用要件が厳しくかつ次の相続開始まで長期間管理しなければなりません。また、原則として個人事業を延々と継続していくことが条件となっていますので、後継世代が事業を継続することを拒否した場合税負担の問題が生じます。つまり、納税猶予制度は当面の納税を猶予する選択をしただけであり、税負担を後継者に判断させる制度でもあります。個人事業で使用する宅地等は、小規模宅地特例があり、土地等の価額の20 %は必ず相続税の課税対象となるとしても、80 %は課税されません。判断の比重を、小規模宅地特例に置いて検討すべきでしょう。

Section 2

売買契約後に相続又は申告期限までに譲渡があった場合の取扱い

1　売買契約後に相続があった場合

(1)　一般的な売買契約

一般的に、土地建物を譲渡する場合、我が国の土地等の取引慣行として、まず売買契約の締結と同時に譲渡価額の 1、2 割程度の手付金の授受があります。その後、契約に基づいた一定の日に譲渡代金の残金の授受があり、それと同時に所有権の移転登記手続きが行われます。この時が土地建物の引渡しの日となり、所有権が移転し、取引が完結します。譲渡所得の課税のときでもあります。

売買契約を締結した時点で所有権を失う訳ではありません。契約時の手付金は、譲渡代金の一部に充当され、残金と共に譲渡者に移転します。それと同時に所有権が譲渡者から買受人に移転します。売買契約の時は、所有権は譲渡者にあります。

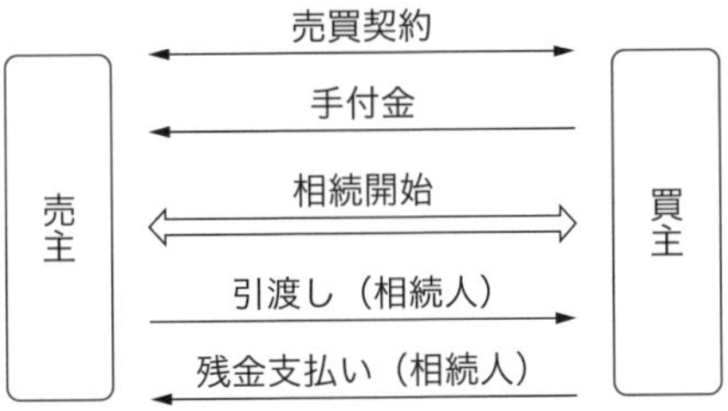

⑵　売買契約後に相続が開始した場合の相続財産

売買契約の日から引き渡しの日まで、一定の期間が経過するため、その間に売主若しくは買主が死亡することがあります。この場合、相続財産に加算する土地等の価額について、売主にとっても買主にとっても問題となります。売買契約締結後、引渡しの日前に、譲渡人又は買受人に相続が開始した場合、つまり売買契約中の土地等は、所有権が売主に残っていたとしても、その土地等の価額（相続税評価額）ではなく、売買代金債権の価額になります。これは、売主買主にとっても同様です。土地等の時価が明白となっていることや売買契約が締結されていること等から、財産評価通達によって評価することが適切でないことによります。

実務的には「売買契約中の土地等又は建物等に係る相続税の課税等について（1991年（平成3年）1月11日資産税課情報第1号）」により、売主又は買主の相続人（受遺者を含みます。）が取得した財産又は債務については次のように取り扱われます。

①　売主に相続開始があった場合

イ　売買契約締結したと同時に手付金を受け取っています。手付金は現金・預貯金等として相続開始日現在の姿で相続財産に加えます。

ロ　売主は譲渡した物件の引渡義務を負いますので、売主の相続等により取得した財産は、買主に対する売買残代金債権（未収金）となります。

ハ　売買残代金債権の価額は、財産評価基本通達204に定める貸付金債権の評価により評価することとなります。一般的には引渡しの時まで大幅な日数を要することはないので、利息が発生することはなく、あまり問題となることはありません。

ニ　既に売買契約を締結しており、相続財産が金銭債権となったことから小規模宅地等の特例の適用余地はありません。

①　買主に相続開始があった場合

イ　原則的な取扱い

買主の相続等により取得した財産は、売買契約に係る土地の引渡請求権（売買契約価額）とします。売買契約価額から既に支払済の手付金を控除した額が残代金支払債務（未払金）として債務計上されます。

ロ　特例的な取扱い

(イ)　売買契約の日から相続開始の日までの期間が長い場合

売買契約の日から相続開始の日までの期間が、通常の売買に比して長期間であるなど、対価の額が相続開始の日の土地の時価として適当でない場合、他の適切な売買実例を参酌して、評価することができます。

(ロ)　土地等の価額を相続税評価額で申告する場合

売買契約中の土地等は、引渡債権であることから相続財産になりませんが、相続財産として土地の評価額で申告した場合は認められます。本来は、売主は売買残代金債権であることの見返りとして、買主は土地等の引き渡し請求権として債権債務関係が相見合う課税関係で処理されるべきものです。しかし、現実に土地等がありその土地等を相続財産として課税対象とする余地があります。買主にとっては売買契約後引き渡しを受ける日までは、その土地に対する相応の権利を取得し、利用できる状態にあります。このような場合、相続財産として、財産評価基本通達に基づいて評価することもできる取扱いとなっています。そして小規模宅地等の特例の適用が受けられます。この取扱いは、事業用資産又は居住用資産が建築中である場合は原則として特例の対象とはなりませんが、その建物等を速やかに事業又は居住の用に供することが確実であると認められる場合は、特例の適用ができる取扱いと平仄を合わせたものです。もちろん特例の適用要件を充足していることが必要です。なお、相続税評価額で申告することから、土地の引渡請求権は、相続財産となりません。理屈では可能かもしれませんが現実的には引渡未了の土地や建物を事業用又は居住用として利用することはほとんどないでしょう。

被相続人	相続財産
売主	・現金・預貯金等（手付金） ・売買残代金債権
買主	・引渡請求権及び残代金支払債務 又は ・土地等の相続税評価額

2 相続税の申告期限までに、特例を受けた宅地等の譲渡契約をした場合

特例は、相続税の申告期限まで特例対象宅地等を保有することが要件です。保有しなくなる場合とは贈与又は譲渡が想定されます。贈与した場合、その時点で保有要件が切れてしまいますので、特例の適用はできません。譲渡した場合、申告期限前に売買契約を締結し、期限後に引き渡した場合はどうでしょう。譲渡所得における譲渡の日とは、譲渡所得の起因となる譲渡物件を引き渡した日のことをいいます（所基通36−12）。しかし譲渡所得の課税関係では、納税者の選択により、その資産の譲渡に関する契約の効力発生の日によってもよいこととなっています（所基通36−12）。売買契約の効力発生の日とは、ほとんどの場合売買契約締結日です。売買契約締結日でもよいとしているのは、課税の都合又は納税者利便によるものです。原則から言えば、引き渡した時が譲渡の日となりますので、申告期限では、その資産を保有していることになります。特例の適用はできます。

3 申告期限前に特例対象宅地等の一部を譲渡した場合

申告期限前に特定居住用財産又は特定事業用財産に該当する宅地等の一部を、諸事情により譲渡してしまうことがあります。譲渡した部分は特例の適用要件を満たさないことになります。しかし、残った部分が適用要件を充足する限り、特例の適用ができます。

［事例で確認］

CASE 1 相続税の申告期限前に売買契約をした場合

Q 被相続人と同居していた長男が、相続税の納税資金を捻出するため取得した自宅を売ることにしました。この宅地は特定居住用宅地として小規模宅地等の特例の適用を受けるつもりですが、申告期限前に譲渡契約を結び、申告後に引き渡しました。申告期限前に譲渡契約を結んだ場合、特例が適用できるでしょうか。

A 相続税の申告期限前に居住用財産の売買契約を締結した場合でも、所有し居住を継続している等、小規模宅地等の特例の要件を満たせば適用できます。

所有とは所有権を有してその資産を保有することで、その資産に対する使用・収益・処分等ができる権利です（民法206）。

特定居住用宅地等を配偶者が取得した場合以外の小規模宅地等については、相続税の申告期限まで居住を継続し、その土地等を所有することが特例の適用要件となっています。相続税の申告期限前に契約を締結したとしても、所有権は依然としてその土地等を取得した相続人にあるため、小規模宅地等の特例の適用を受けられると考えます。

なお、譲渡所得に係る所得税の申告は、譲渡所得の基因となる資産の引渡しがあった日によります（所基通36-12）。引渡しが行われた日の年分の所得です。ただし、納税者の選択により、資産の譲渡に関する契約の効力発生の日（契約日）も認められます。相続税の特例の適用年分と一致しなければならない規定がありませんので、契約日を選択して申告をすることができると考えますが、契約年で申告した場合は、特例が認められないという意見もあります。

CASE 2 売買契約中に死亡したが、別の土地に自宅を建築中であった場合

Q 被相続人Aは自宅である甲土地及び建物（以下「旧家屋」といいます。）をBに譲渡する契約をし、手付金を受け取り、引渡し前に死亡しま

した。このとき、被相続人が所有する別の乙土地に自宅を建築中でした。この場合、どちらかの宅地に小規模宅地等の特例が適用できるでしょうか。

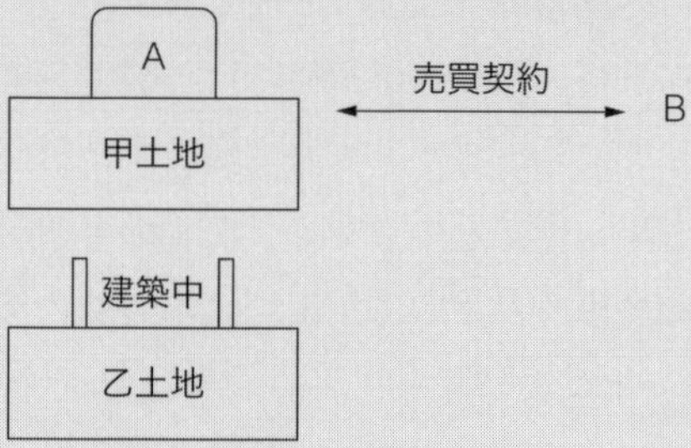

A　自宅を譲渡し、引渡し前に相続が開始した場合の特例の適用は、本文で解説した通り、甲土地について特例の適用はできません。

居住用建物が建築中である場合の小規模宅地等の取扱いについては、一定の要件のもと、適用が認められます（措通 69 の 4–8）。第 3 章 Section 8（居住用建物の建築中等に相続が開始した場合）を参照してください。措置法通達 69 の 4–8（注）において「相続の開始の直前において被相続人等が自己の居住の用に供している建物（被相続人等の居住の用に供されると認められる建物の建築中等に限り一時的に居住の用に供していたにすぎないと認められる建物を除く。）を所有していなかった場合に限り適用があるのであるから留意する。」との規定があります。この通達からは、自己の居住の用に供している建物があることから、特例が適用できないと思われます。売買契約中の土地建物は引渡し前であり、所有権は移転していないとはいえ、売買契約の成立により引渡し義務が生じています。被相続人が旧家屋に居住していますが、仮住まいの状態と捉えることができるでしょう。措置法通達 69 の 4–8（注）のかっこ書きでは「一時的に居住の用に供していたにすぎないと認められる建物」が除かれていますので、旧家屋は一時的に居住の用に供していると判断し、建築中の家屋の敷地である乙土地については被相続人の居住用建物として、要件を満たせば特例を適用することができると考えられます。

4　実務判断

1　小規模宅地等の特例は、適用要件が様々ありますが、特定居住用宅地等を配偶者が取得した場合を除き、申告期限まで宅地等を保有していることとなっています。納税者は、相続税の負担が軽減されればそれで終わりという感覚でしょう。事実、税理士の説明不足で納税者が申告期限前に貸家を譲渡してしまい、特例の適用を否認され、相続税の追徴となった事例があります。

2　小規模宅地等の特例は、土地等に対する相続税の課税価格を8割減じるという大盤振る舞いの制度です。事業用資産の価額1億円、居住用資産の価額1億円で合計2億円と仮定すれば、4千万円が課税対象です。相続税の申告期限まで保有すれば1億6千万円が課税されず、申告期限後は売却しても構いません。申告期限後に対する保有要件、事業用継続要件がないからです。長期間にわたる財産の利用状況を確認することは事務負担の増加になることから、申告期限での打ち止めとしているようですが、大幅な税負担の軽減にはそれなりに課税当局と納税者の覚悟を持たせるべきでしょう。非上場株式の納税猶予制度のように一定の事業又は居住要件が必要ではないでしょうか。甘い制度であることから、制度の本旨を逸脱する事例が後を絶ちません。

Section 3

小規模宅地等の選択替え

小規模宅地等の選択の変更

相続等により財産を取得した者に係る全ての特例対象宅地等のうち、取得をした選択特例対象宅地等について、限度面積要件を満たす場合の選択特例対象宅地等に限り、相続税の課税価格に算入すべき価額は、宅地等の価額に一定割合を乗じて計算した金額とすることとなっています（措法 69 の 4 ①）。また、該当する宅地等を取得した相続人全員の合意による遺産分割協議書等を添付して期限内に申告することとなっています。いったん適法に選択された宅地等を、後日相続人の都合により選択替えをすることは課税の安定を損なうこととなります。そのため、選択替えは原則として認められません。適法な手続きによる申告内容についての更正の請求が認められないことは当然です。また、その宅地等の評価誤りがあった場合であっても、当初より正しい評価することが求められますので、評価誤りによる課税価格の増減を理由とした選択替えもできません。

措置法第 69 条の 4 第 8 項に「やむを得ない事情」がある場合には、特例の適用ができるとしています。しかし、選択替えは、軽々に認められないでしょう。

【参考裁決事例：2002 年（平成 14 年）11 月 19 日】
（当初申告の宅地等の実測した面積が申告後に判明した場合、やむを得ない事由に当たり小規模宅地等の特例の適用を認められた事例（要旨））
　請求人は、本件申告書を提出するまでは本件実測図の存在を知らなかったこと、また、現在に至るまで本件実測図を所有していない事実からして、同人は本件申告書の提出に当たり、本件相続税の課税対象となり、また、本件特例の適用の対象となる宅地を固定資産税の課税明細書によってしか把握することができなかったものと認められる。そうすると、請求人が本件の対象となる宅地の選択に当たり、本件ビルの敷地として、土地課税台帳に公衆用道路（非課税該当）となっている本件B土地を選択をしなかったとしても、これについては、やむを得なかったといわざるを得ない。

また、遺留分減殺請求等の相続固有の後発的事由に基づく更正の請求においては、小規模宅地等の変更（選択換え）ができることからすれば、本件については、本件申告書の提出の後に、そもそも本件B土地が含まれていた本件ビルの敷地である本件土地の地積の変更を行うものであることが認められ、小規模宅地等の選択換えという場所の変更を行うものではないのであるから、措置法第69条の3第7項に規定する「やむを得ない事情」として、小規模宅地等の地積の変更を認めるのが相当である。」

（TAINS F0-3-079）

国税庁質疑応答事例
（遺留分侵害額の請求に伴い取得した宅地に係る小規模宅地等の特例の適用の可否（令和元年7月1日以後に開始した相続）

【照会要旨】

被相続人甲（令和元年8月1日相続開始）の相続人は、長男乙と長女丙の2名です。乙は甲の遺産のうちA宅地（特定居住用宅地等）及びB宅地（特定事業用宅地等）を遺贈により取得し、相続税の申告に当たってこれらの宅地について小規模宅地等の特例を適用して期限内に申告しました（小規模宅地等の特例の適用要件はすべて満たしています。）。

その後、丙から遺留分侵害額の請求がなされ、家庭裁判所の調停の結果、乙は丙に対し遺留分侵害額に相当する金銭を支払うこととなりましたが、乙はこれに代えてB宅地の所有権を丙に移転させました（移転は相続税の申告期限後に行われました。）。

丙は修正申告の際にB宅地について小規模宅地等の特例の適用を受けることができますか。

【回答要旨】

民法及び家事事件手続法の一部を改正する法律（平成30年法律第72号）による改正により、令和元年7月1日以後に開始した相続から適用される民法第1046条

《遺留分侵害額の請求》に規定する遺留分侵害額の請求においては、改正前の遺留分減殺請求権の行使によって当然に物権的効力が生じるとされていた（遺贈又は過去の贈与の効力が消滅し、遺贈又は贈与をされていた財産に関する権利が請求者に移転することとされていた）規定が見直され、遺留分に関する権利の行使によって遺留分侵害額に相当する金銭債権が生じることとされました。

照会の場合、遺留分侵害額の請求を受けて乙はＢ宅地の所有権を丙に移転していますが、これは、乙が遺留分侵害額に相当する金銭を支払うために丙に対し遺贈により取得したＢ宅地を譲渡（代物弁済）したものと考えられ、丙はＢ宅地を相続又は遺贈により取得したわけではありませんので、小規模宅地等の特例の適用を受けることはできません。なお、丙は、遺留分侵害額に相当する金銭を取得したものとして、相続税の修正申告をすることになります。

（注）　乙がＢ宅地を遺贈により取得した事実に異動は生じず、また、乙がＢ宅地を保有しなくなったのは相続税の申告期限後であることから、遺留分侵害額の請求を受けてＢ宅地の所有権を丙に移転させたとしても、乙はＢ宅地についての小規模宅地等の特例の適用を受けることができなくなるということはありません。なお、乙は、遺留分侵害額の請求に基づき支払うべき金銭の額が確定したことにより、これが生じたことを知った日の翌日から４月以内に、更正の請求をすることができます。

Section 4

連続して相続があった場合の特例の取扱い

1　小規模宅地等の特例の適用の必須の要件

小規模宅地等の特例は、相続税の申告期限までに特例対象宅地等が分割されていること、又は申告期限後3年以内に分割されることが要件です（措法69の4④）。

遺産分割が未了のうちに、相続人が亡くなり、その財産の中に小規模宅地等の特例が適用可能な宅地等がある場合、配偶者の税額軽減と同様、未分割ということで特例が永遠に適用できないことになります。このような場合に特例の適用ができないと、著しく不公平になります。

2　第1次相続の分割前に第2次相続が発生した場合

⑴　第2次相続の被相続人が取得

相続等により取得した特例対象宅地等の全部又は一部が共同相続人又は包括受遺者（以下「共同相続人等」といいます。）によって分割される前に、その相続（以下「第1次相続」といいます。）に係る共同相続人等のうちいずれかが死亡した場合（以下「第2次相続」といいます。）、その特例対象宅地等が、共同相続人等及び第1次相続の死亡した者以外の共同相続人等によって分割され、その分割によって第2次相続の被相続人が取得したとした特例対象宅地等として確定させたものがあるときは、その特例対象宅地等は死亡した者が取得したものとして取り扱うことができます（措通69の4-25)。

簡記すると、次の要件を満たすことにより、その特例対象宅地等は第2次相続の被相続人が取得したものと取り扱うことができます。

① 第2次相続の相続人及び第1次相続の相続人の共同相続人等で分割されていること。

② 特例対象宅地等が分割により第2次相続の被相続人の財産として確定されていること。

次の関係図で解説します。AはX0年7月1日に死亡しました（第1次相続)。Bがその年の9月1日に死亡しました（第2次相続)。Aの相続財産の分割はBが死亡しているためBの相続人である子C及びDとの間で行われます。A及びBの相続人はC及びDであることから、この2人の間で、Aの配偶者であるBにAの財産を相続させる遺産分割をすることができます。

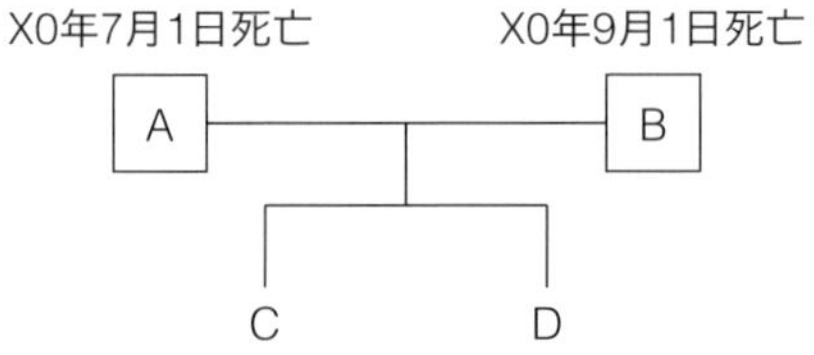

(2) 審判等による分割の場合

第1次相続に係る共同相続人等のうちいずれかが死亡した後、第1次相続により取得した財産の全部又は一部が家庭裁判所における調停又は審判（以下「審判等」といいます。）に基づいて分割されている場合、審判等の中で、死亡した者の具体的相続分（民法第900条（(法定相続分)）から第904条の2（(寄与分)）まで（第902条の2（(相続分の指定がある場合の債権者の権利の行使)）を除きます。）に規定する相続分をいいます。）のみが金額又は割合によって示されているにすぎないときであっても、死亡した者の共同相続人等の全員の合意により、死亡した者の具体的相続分に対応する財産として特定させたもののうちに特例対象宅地等があるときは特例の適用が出来ます（措通69の4-25注)。

3　所有要件の対応

小規模宅地等の特例の適用の要件の一つが、相続開始時から申告書の提出期限まで特定居住用宅地等を取得した配偶者を除き引き続きその宅地等を有していることです。特例対象宅地等を取得した者が申告期限前に死亡した場合、申告期限とは「その死亡の日」となります（措法69の4③一ロかっこ書き）。

第 8 章

申告及び更正の請求

この章では、小規模宅地等の特例を適用するための相続税の申告手続き及び申告期限後３年以内に遺産分割が確定した場合の更正の請求の留意事項を解説します。

小規模宅地等の特例は、特例対象宅地等の価額が特定事業用宅地等、特定同族会社事業用宅地等及び特定居住用宅地等合計 730 平方メートルまでの価額が80％も減額できます。この特例は、地価が高額となる都市部での影響は計り知れません。なんとしても特例が適用できるよう相続人等の努力が求められます。しかし相続の在り方は様々であり、相続人が同一方向を向いて遺産分割をするとは限りません。中には特例を適用することによる相続税の緩和など眼中にない相続人もいます。このような場合は論外として、遺産分割が確定したとしても、更正の請求手続きの誤りで特例が適用できなくなる事例も見受けられます。

Section 1

特例の適用を受けるための手続き

1　申告要件

小規模宅地等の特例は課税価格が最大 80 ％の減額となる、非常に恩恵の大きい特例です。居住用宅地等の適用が多い一般的な相続はあまり問題となりませんが、事業用宅地等、同族会社事業用宅地等が複数あるような場合は、特例対象地の選択、全員の合意等々、適用にはいくつものハードルがあります。

特例であることから、要件を充足して期限内に申告しなければなりません。また、適用しないで申告した場合、特例を適用しないことを選択したことになります。

2　特例対象宅地等の選択

(1)　特例対象宅地等の選択

①　小規模宅地特例を受ける場合、特例対象宅地等を選択しなければなりません。

例えば、事業用宅地が一つの場合は選択の余地はありませんが、複数ある場合、どこの部分を選択するするかは、相続人等の自由です。当然単価が高く、特例の効果が見込まれる方を優先するでしょう。もちろん、選択しないことも自由です。

②　特例対象宅地等を取得した相続人等が、１人又は複数の場合により適用対象宅地に対する対応が異なります。

イ　特例対象宅地等を取得した相続人等が 1 人の場合、限度面積に注意すれば、選択は全く自由です。

ロ　特例対象宅地等を取得した相続人等が複数の場合、次の事項について全員が合意をしなければ全員が特例の適用を受けられません。

合意事項	備考
①　特例を受ける宅地の選択	特例対象宅地等の宅地選択は相続人等の自由です。
②　①で選択した宅地等のうち、特例を受ける面積	選択した宅地の全てについて特例を適用しなければならないわけではありません。限度面積まで、任意に配分できます。

⑵　選択のために提出する書類

この特例の適用を受けようとする場合、相続人等は次の書類を相続人数の区分に応じて相続税の申告書に添付します（措令 40 の 2 ⑤）。実務的には、相続税申告書（第 11・11 の 2 表の付表他）で対応します。

添付書類	相続人等の数	
	２人以上	１人
イ　選択をしようとする特例対象宅地等について小規模宅地等の区分その他の明細を記載した書類	○	○
ロ　選択をしようとする特例対象宅地等が、限度面積要件を満たすものである旨を記載した書類	○	○
ハ　特例対象宅地等を取得した全ての相続人等の同意を証する書類	○	―

3　特例の適用を受けるための申告手続き

⑴　申告要件

小規模宅地等の特例は、当初申告書、期限後申告書及びこれらの申告書に係る修正申告書（以下「相続税の申告書」といいます。）により適用することができます（措法 69 の 4 ⑦）。

小規模宅地等の特例は、次の要件を充足する場合に限り適用できます。

遺産分割

⇩ →申告期限までに遺産分割が確定しないとそもそも適用できません（措法 69 の 4 ④）。

特例対象宅地等の選択

⇩ →特例を適用する宅地等を選択しないと、先に進みません。

全員の合意

⇩ →複数の相続人等が取得した宅地のうち、どの宅地を何平米適用するか、全員の同意がないと適用できません（措令 40 の 2 ⑤ 3）。

相続税の申告

→特例を適用するための一定の書類（以下「必要書類」といいます。）を添付し期限内に申告しないと適用できません（措法 69 の 4 ⑦）。

⑵　期限内申告

申告期限までに遺産分割が行われた場合、申告書を提出することにより適用が出来ます。

⑶　期限後申告

申告期限までに遺産分割が確定していたが、申告書を提出していなかった場合、期限後申告書及び必要書類を添付することにより特例の適用ができます（措法 69 の 4 ⑧）。

申告期限までに遺産分割が確定しておらず、申告書を提出していなかった場合、期限後申告書、必要書類及び「申告期限後 3 年以内の分割見込書」を提出します。

⑷　修正申告書

特例は修正申告書においても認められます。この特例は、課税価格の減額が大きいことから適用要件が厳しいことは何度か述べました。基本的に申告期限内に申告することが必須です。しかし、相続税の申告そのものを失念しているケースなどは、納税者の救済のために期限後申告であっても適用が認められます。修正申告とは期限内申告又は期限後申告があった後に、課税標準（課税価格）又は税額等を修正する納税申告書をいいます（通則法19①）。相続税は、税額が増加する場合です。修正申告書を提出する場合の適用関係については、特に規定がありません。修正申告書であるからすべて認められるわけではありません。典型的な事例をあげます。

①　期限内申告（期限後申告）では特例を適用しなかったが、調査により申多額の告漏れ財産が把握され、修正申告となった。

　期限内申告において、特例を適用しないことを選択したと考えられます。他の申告漏れに伴う修正申告に合わせて特例を適用することはできないでしょう。

②　遺産が未分割であったことから、期限内申告において「申告期限後３年以内の分割見込書」を提出していた。その後遺産分割により当初申告より多額の財産を取得したことから修正申告となった。

　このケースは、未分割財産の分配が確定しただけであることから、規定通り特例の適用ができます。

⑸　相続税の申告書の提出がなかった場合等の宥恕規定

相続税の申告書の提出がなかった場合、特例の適用を受ける旨の記載がない場合、又は必要書類の添付がない相続税の申告書の提出があった場合で、その提出又は記載若しくは添付がなかったことについてやむを得ない事情があると税務署長が認めるときは、記載をした書類及び必要書類の提出があった場合に限り、特例を適用することができます（措法69の4⑧）。

4　更正の請求による適用

小規模宅地等の特例は、一般的な更正の請求による適用は認められていません。申告期限内に遺産分割が確定し、相続人間で特例対象地を選択適用することを合意し、期限内申告をすることが要件です。創設以来50年となり、相続税負担の最大の緩和税制であることを、納税者でも周知している特例です。特例が適用できる条件がそろっていても期限内申告で適用しなかったのは、特例を適用しないことを選択して申告したと捉えられます。一定の要件を満たしてはいるが、相続人間で適用宅地等の申告期限内の選択ができなく、申告期限後に合意に達した場合も同様です。

申告期限内に遺産分割が確定しなかった場合、申告期限後3年以内に分割が確定したときに認められます。この場合の取扱いについては、本章Section 2（遺産分割要件）Section 3（申告期限3年以内に遺産分割ができない場合）を参照してください。

5　特例適用を受けるための必要書類等

小規模宅地等の特例の適用を受けるためには、特例ごとに次の書類を相続税の申告書に添付する必要があります。

【共通添付書類（措法69の4⑦、相基16③、措規23の2⑧)】

①　次のいずれかの書類

イ　被相続人の全ての相続人を明らかにする戸籍の謄本

・相続開始の日から10日を経過した日以後に作成されたものです。

ロ　図形式の法定相続情報一覧図の写し

・子の続柄が実子又は養子のいずれであるかが分かるように記載されたものに限ります。

・被相続人に養子がいる場合には、その養子の戸籍の謄本又は抄本も必要です。

ハ　イ又はロをコピー機で複写したもの

②　遺言書の写し又は遺産分割協議書の写し

・全ての共同相続人及び包括受遺者が自署し、自己の印を押しているものに限ります。

③　全ての共同相続人及び包括受遺者の印鑑証明書

・遺産分割協議書に押印したもの

④　申告期限後３年以内の分割見込書

・申告期限内に遺産分割ができない場合に提出します。

【特定事業用宅地等の適用を受ける場合（措規 23 の２⑧一、郵政民営化法 180)】

①　相続開始前３年以内に新たに被相続人等の事業の用に供されたものである場合、資産の相続開始の時における種類、数量、価額及びその所在場所その他の明細を記載した書類で事業が規定規模以上のものであることを明らかにするもの

②　郵便局舎の敷地の用に供されている宅地等の場合、総務大臣が交付した証明書

【特定居住用宅地等の適用を受ける場合（措規 23 の２⑧二、三)】

①　次に掲げる被相続人の親族（配偶者を除きます。）が、被相続人等の居住の用に供されていた宅地等について特例の適用を受ける場合

・被相続人の居住の用に供されていた１棟の建物に居住していた親族（親族が特例を受ける場合）

・被相続人と生計を一にしていた親族

○　特例の適用を受ける宅地等を自己の居住の用に供していることを明らかにする書類

・特例の適用を受ける人が個人番号（マイナンバー）を有する場合には提出不要です。

②　被相続人の親族で、相続開始前３年以内に自己等が所有する家屋に居住したことがないことなど一定の要件を満たす人が、被相続人の居住の用に供されていた宅地等について特例の適用を受ける場合（親族が特例の適用を受ける場合）

イ　相続開始前３年以内における住所又は居所を明らかにする書類

・特例の適用を受ける人が個人番号を有する場合には提出不要です。

ロ　相続開始前３年以内に居住していた家屋が、自己、自己の配偶者、３親等内の親族又は特別の関係がある一定の法人の所有する家屋以外の家屋である旨を証する書類

ハ　相続開始の時において自己の居住している家屋を相続開始前のいずれの時においても所有していたことがないことを証する書類

③　被相続人が養護老人ホームに入所していたことなど一定の事由により相続開始

の直前において被相続人の居住の用に供されていなかった宅地等について特例の適用を受ける場合

イ　被相続人の戸籍の附票の写し

・相続開始の日以後に作成されたものです。

ロ　介護保険の被保険者証の写しや障害福祉サービス受給者証の写しなど、被相続人が要介護認定、要支援認定を受けていたこと若しくは介護保険法施行規則第140条の62の4第2号に該当していたこと又は障害支援区分の認定を受けていたことを明らかにする書類

ハ　施設への入所時における契約書の写しなど、被相続人が相続開始の直前において入居又は入所していた住居又は施設の名称及び所在地並びにその住居又は施設が次のいずれに該当するかを明らかにする書類

(イ)認知症対応型老人共同生活援助事業が行われる住居、養護老人ホーム、特別養護老人ホーム、軽費老人ホーム又は有料老人ホーム

(ロ)介護老人保健施設又は介護医療院

(ハ)サービス付き高齢者向け住宅（(イ)の有料老人ホームを除きます。）

(ニ)障害者支援施設（施設入所支援が行われるものに限ります。）又は共同生活援助を行う住居

【特定同族会社事業用宅地等の適用を受ける場合（措規23の2⑧四)】

①　特例の対象となる法人の定款の写し

・相続開始の時に効力を有するものに限ります。

②　特例の対象となる法人の相続開始の直前における発行済株式の総数又は出資の総額及び被相続人及び被相続人の親族その他被相続人と特別の関係がある者が有するその法人の株式の総数又は出資の総額を記載した書類

・特例の対象となる法人が証明したものに限ります。

【貸付事業用宅地等の適用を受ける場合（措規23の2⑧五)】

○　相続開始前3年以内に新たに被相続人等の特定貸付事業の用に供されたものであるときには、相続開始の日まで3年を超えて特定貸付事業を行っていたことを明らかにする書類

［事例で確認］

CASE 1 特例適用宅地を物納する場合

Q 小規模宅地等の特例を適用した財産を物納するつもりです。この場合、物納財産の収納価額は特例適用前の価額、又は適用後の価額のどちらになるでしょうか。

A 物納財産の収納価額は、相続税法第43条第1項において「物納財産の収納価額は、課税価格計算の基礎となった当該財産の価額による。」と規定しています。また、措置法第69条の4第1項では「相続税法第11条の2に規定する相続税の課税価格に算入すべき価額は、当該小規模宅地等の価額に次の各号に掲げる小規模宅地等の区分に応じ当該各号に定める割合を乗じて計算した金額とする。」としています。相続税の課税価格に算入される価額は、小規模宅地等の特例適用後の価額になります。

CASE 2 住民票と実際に居住している所が異なる場合

Q 被相続人と同居していましたが、仕事の都合で住民票が別のところにあります。この場合、特例の適用は受けられるべきでしょうか。

A 以前は住民票の添付が要件でしたが、現在は要件となっていません。

「自己の居住の用に供していることを明らかにする書類」を提出することになります。このような書類は、特定の基準がありません。一般的には郵便物等、その家屋に居住していたことが判明できる書類を添付します。

6 相続税の実務

相続税法第32条は、更正の請求の特則が規定されています。この特則は相続税固有の事象を解決するために設けられているものであり、同法第32条に規定されている事由以外の更正の請求は国税通則法第23条によります。例えば、申告期限後に小規模宅地等の帰属者が確定した場合、4か月以内に更正の請求をしますが、相続財産が過大である又は評価誤りがあった等は国税通則法によりますので、更正の請求は２か月と定められていることから、同時に更正の請求をした場合、期限を経過してしまうことがあります。

Section 2

遺産分割要件

1　申告期限までの遺産分割要件

小規模宅地等の特例は、相続人等が1人の場合を除いて、申告書の提出期限までに共同相続人又は包括受遺者（以下「共同相続人等」といいます。）で遺産分割が行われていない場合は適用できません（措法69の4④）。1993年（平成5年）以前は、宅地等を相続開始の直前において被相続人の事業の用又は居住の用に供していれば、未分割の状態にあっても、特例の適用ができました。1994年（平成6年）の税制改正において、事業を継続する者又は居住を継続する者は80％、それ以外の者が取得した場合は50％の減額となったことから、誰が取得するかを確定しなければ減額割合が判定できないことになり、そのため遺産分割要件が設けられました。

税法の特例は、特例要件を充足して、かつ申告期限内に申告することが原則です。小規模宅地等の特例についても「申告書の提出期限までに共同相続人又は包括受遺者によって分割されていない特例対象宅地等については、適用しない。」（措法69の4④）と明確に規定されています。

相続税の負担緩和のためには、申告期限までに特例対象地等の取得者の確定は必須です。遺産分割がもめていても、まずは特例対象地等を優先的に分割する必要があります。ただし、やみくもに遺産分割すると、特例の要件を満たさない者が取得するようなことがあり得ます。共同相続人等の意向に配慮した遺産分割をすると同時に、税務上の適否を判断しながら進めていきます。

申告期限までに特例対象宅地等の帰属が決まらない場合、特例の適用が全くできなくなるわけではありません。申告期限から3年以内に取得者が決まれば、特例の適用ができます。

2　申告期限までに遺産分割ができなかった場合

(1)　未分割の場合

相続は、複数の相続人がいることが多く、遺産の分割が確定するまで時間がかかることは珍しくありません。民法では遺産分割の期限が10年と定められましたが、相続税の対象となる場合、申告期限が、相続の開始があったことを知った日の翌日から10か月以内という重大な壁があります（相法27①）。その日まで特例対象宅地等の取得者を決めないと、特例が適用できません。そのようなケースも多いため期限の延伸が定められています。

(2)　「申告期限後3年以内の分割見込書」の提出

相続財産が未分割であるため特例の適用を受けられなかった場合でも、申告期限から3年以内に分割された場合、適用が受けられます（措法69の4④）。ただし相続税の申告書と同時に「申告期限後3年以内の分割見込書」（以下「分割見込書」といいます。）を提出します（措令40の2㉓）。

この分割見込書には次の事項を記入します（相規1の6③2）。様式は後掲の通りです。遺産分割が確定した場合に適用を受けようとする特例等に該当する箇所全てに○を付します。

①　小規模宅地等についての相続税の課税価格の計算の特例の適用を受けたい旨

②　分割されていない理由

③ 分割の見込みの詳細

［事例で確認］

CASE 遺言書と異なる遺産分割をした場合

Q 父の相続人が3人います。遺言書には、いくつかある土地建物及び金融資産の取得者が指定されています。相続人が話し合った結果、土地建物を含めて遺言書とは異なる分割をすることに合意しました。遺言書と異なる遺産分割をした場合でも、小規模宅地等の特例が適用できるでしょうか。

A 遺言は被相続人の一方的な意思表示であるため、相続人の生活感覚や経済状態まで配慮せずに思いのまま作成されることがあります。財産の所有者である被相続人が作成した遺言書は、十分に尊重されるべきものではありますが、財産処分の唯一絶対的な方法ではありません。相続財産の配分で最も相続人の理解が得られる方法は、相続人全員の合意による遺産分割です。一般的に相続人の合意（分割協議）は、被相続人の意思（遺言）よりも優先するとされており、遺産分割の優位性が認められており、その遺産分割の効力は否定されません（さいたま地裁判決2002年（平成14年）2月7日）。遺言書と異なる遺産分割が行われた場合、財産を遺贈された受遺者が財産を取得する権利を放棄し、相続人間で改めて配分するとみるのが相当であり、実態に即しています。その結果による小規模宅地等の特例の適用については、特に問題となることはないと考えます。もちろん、遺産分割に合意しない相続人がいる場合は、遺言によることになります。

3 遺産が未分割であったときに、相続人等に第2次相続が発生した場合

(1) 第2次相続があった場合の取扱い

死亡した者（以下「第1次相続」といいます。）に係る遺産分割協議が継続中

に、共同相続人等によって分割される前に、共同相続人等の誰かがが死亡することがあります（以下「第2次相続」といいます。）。第1次相続の共同相続人等で未分割状態となり、結果として永久に特例の適用ができないということになります。しかし、この理屈からは、遺産分割前に死亡したかどうかで、小規模宅地等の特例が適用の有無にかかわることになり、納税者にとって非常に不都合な取扱いとなります。このような場合、死亡した者の共同相続人等及び第1次相続に係る死亡した者以外の共同相続人等によって第1次相続の財産が分割され、死亡した者（第2次相続の被相続人）の取得した特例対象宅地等として確定させたものがあるときは、その死亡した者が取得したものとして特例を適用することができます（措通69の4-25）。

人の死という偶然により特例の適用が左右されることを避けるための取扱いであり、配偶者の税額軽減についても同様の取扱いとなっています（相基通19の2-5）。包括受遺者は相続人と同一の権利義務を有することから遺産分割に参加しますが、特定受遺者は参加できないことに注意してください（民法990）。

(2) 審判等で具体的な分割が定められていない場合

第2次相続が開始した後、第1次相続の財産が家庭裁判所における調停又は審判（以下「審判等」といいます。）に基づいて分割されている場合、審判等の中で、具体的相続分（民法第900条（法定相続分）から第904条の2（寄与分）までに規定する相続分をいいます。）のみが金額又は割合によって示されているにすぎないときであっても、第2次相続の共同相続人等の全員の合意により、第2次相続の被相続人の具体的相続分に対応する財産として特例対象宅地等があるときについても(1)と同様に特例の対象となります（措通69の4-25（注））。

通信日付印の年月日	（確　認）		番　　号
年　　月　　日			

被相続人の氏名 ＿＿＿＿＿＿＿＿＿＿＿＿

申告期限後３年以内の分割見込書

相続税の申告書「第11表（相続税がかかる財産の明細書）」に記載されている財産のうち、まだ分割されていない財産については、申告書の提出期限後３年以内に分割する見込みです。

なお、分割されていない理由及び分割の見込みの詳細は、次のとおりです。

1　分割されていない理由

2　分割の見込みの詳細

3　適用を受けようとする特例等

⑴　配偶者に対する相続税額の軽減（相続税法第19条の２第１項）

⑵　小規模宅地等についての相続税の課税価格の計算の特例
（租税特別措置法第69条の４第１項）

⑶　特定計画山林についての相続税の課税価格の計算の特例
（租税特別措置法第69条の５第１項）

⑷　特定事業用資産についての相続税の課税価格の計算の特例
（所得税法等の一部を改正する法律（平成21年法律第13号）による改正前の租税特別措置法第69条の５第１項）

（資４－21－Ａ４統一）

Section 3

申告期限後３年以内に遺産分割ができない場合

1　申告期限後３年以内に分割できなかった場合

申告期限後 3 年以内に遺産分割ができない場合、原則として特例等の適用はできません。ただし、申告期限後 3 年以内に分割が確定しないことの理由が、訴えが提起されている等やむを得ない事情があるような場合にまで特例の適用ができないとすると、納税者にとって酷なことになります。やむを得ない事情がある場合、更に延伸することが認められます。

2　「遺産が未分割であることについてやむを得ない事由がある旨の承認申請書」の提出

(1)　遺産が未分割であることについてやむを得ない事由がある旨の承認申請書

申告期限後 3 年以内に遺産分割ができなかったことがやむを得ない事情がある場合、「遺産が未分割であることについてやむを得ない事由がある旨の承認申請書（以下「承認申請書」ともいいます。)」を被相続人の所轄税務署長に提出します。税務署長が認めた時は分割ができる日までその期間を延長することができます（措法 69 の 4 ④かっこ書き）。

⑵　「やむを得ない事由」とは

申告期限後3年を経過する日までに遺産分割ができないやむを得ない事由は次のとおりです（措令40の2㉓による相令4の2①の準用）。

> ①　申告期限の翌日から3年を経過する日に、訴えの提起がされている場合
> ②　申告期限の翌日から3年を経過する日に、和解、調停又は審判の申立てがされている場合
> ③　申告期限の翌日から3年を経過する日に、遺産分割の方法の指定・分割の禁止等の規定により相続の承認若しくは放棄の期間が伸長されている場合
> ④　申告期限の翌日から3年を経過する日までに、分割が遅延したことについて税務署長がやむを得ない事情があると認める場合

⑶　税務署長が認める止むを得ない事情

上記⑵④の税務署長がやむを得ない事情があると認める場合とは、税務署長の任意の判断によるものではなく、次のように限定的であり、かつ客観的な事情がある場合をいいます（相基通19の2-15）。

> ①　申告期限の翌日から3年を経過する日において、共同相続人又は包括受遺者の1人又は数人が行方不明又は生死不明であり、かつ、その者に係る財産管理人が選任されていない場合
> ②　申告期限の翌日から3年を経過する日において、共同相続人又は包括受遺者の1人又は数人が精神又は身体の重度の障害疾病であるため加療中である場合
> ③　申告期限の翌日から3年を経過する日前において、共同相続人又は包括受遺者の1人又は数人が法施行地外にある事務所若しくは事業所等に

勤務している場合又は長期間の航海、遠洋漁業等に従事している場合において、その職務の内容などに照らして、申告期限の翌日から3年を経過する日までに帰国できないとき

④　申告期限の翌日から3年を経過する日において、⑵①から③までに掲げる事情又は⑶①から③までに掲げる事情があった場合、申告期限の翌日から3年を経過する日後にその事情が消滅し、かつ、その事情の消滅前又は消滅後新たに⑵①から③までに掲げる事情又は⑶①から③までに掲げる事情が生じたとき

3　提出手続き

⑴　提出期限

承認申請書は、法定申告期限から3年を経過する日の翌日から2か月を経過する日までに提出しなければなりません（相令4の2）。

3年を経過する日において、遺産分割が成立しなかったことについてのやむを得ない事情があることの証明が必要であるため、3年を経過する日より早く提出することはできないことに留意してください。

⑵　やむを得ない事情の内容説明

承認申請書は、やむを得ない事情がある場合に限り提出できるものです。申告書の提出期限から3年を経過する日において、遺産分割が成立しなかったことについてのやむを得ない事情を説明する必要があります。やむを得ない事情を証する次の書類を添付して提出します（相規1の6）。

やむを得ない事情	事情を説明する書類
①　訴えが提起されている場合	・訴えが提起されていることを証する書類
②　和解、調停又は審判の申立がされている場合	・和解等の申し立てがされていることを証する書類
③　遺産分割の方法の指定・分割の禁止等の規定により、相続の承認等の期間が伸長されている場合	・分割が禁止されていること等を証する書類
④　前３号に掲げる事情以外の事情がある場合	・財産の分割がされなかった事情の詳細を記載した書類

(3)　提出者

遺産分割の確定により特例等の適用を受ける相続人各人が提出します。ただし、小規模宅地等についての相続税の課税価格の計算の特例は、複数の相続人が適用することがありますので、1枚の承認申請書に連署できます。

(4)　承認申請書の提出枚数

承認申請書は「配偶者に対する相続税額の軽減」「小規模宅地等についての相続税の課税価格の計算の特例」等適用を受けようとする特例ごとに作成して提出することとなっています。これは、相続人により受けることができる特例が異なる場合があること等によります。2以上の特例が適用できる場合、提出がない特例について、認められないことにもなります。

4　期間延長承認又は却下

承認申請書の提出があった場合、税務署長がそれぞれの事情を検討の上、承認若しくは却下の判断を行い、申請者に通知します。

承認申請書の提出があった日の翌日から2か月を経過する日までに、その承認申請について税務署長から承認又は却下の処分がなかったときは、その日において承認があったものとみなされます。

5 更正の請求

遺産分割の延伸の承認申請書について、税務署長の承認を受けた場合には、判決の確定の日など、次の分割ができることとなった日の翌日から４か月以内に分割されたときに、これらの特例の適用を受けることができます。適用を受ける場合は、分割が行われた日の翌日から４か月以内までに更正の請求書を提出します。

- 判決の確定又は訴えの取下げの日等訴訟の完結の日
- 和解若しくは調停の成立、審判の確定又は申立ての取下げの日等事件の終了の日
- 分割が禁止されている期間又は伸長されている期間が経過した日
- 事情の消滅の日

税務署受付印

遺産が未分割であることについてやむを得ない事由がある旨の承認申請書

※欄は記入しないでください。

＿＿年＿＿月＿＿日提出

〒
住　所
(居所)＿＿＿＿＿＿＿＿＿＿＿＿＿＿＿＿

＿＿＿＿＿＿＿＿税務署長

申請者　　氏　名＿＿＿＿＿＿＿＿＿＿＿＿＿＿＿＿

（電話番号　　　－　　　－　　　）

遺産の分割後、
- ・配偶者に対する相続税額の軽減（相続税法第19条の２第１項）
- ・小規模宅地等についての相続税の課税価格の計算の特例（租税特別措置法第69条の４第１項）
- ・特定計画山林についての相続税の課税価格の計算の特例（租税特別措置法第69条の５第１項）
- ・特定事業用資産についての相続税の課税価格の計算の特例（所得税法等の一部を改正する法律（平成21年法律第13号）による改正前の租税特別措置法第69条の５第１項）

の適用を受けたいので、

遺産が未分割であることについて、
- ・相続税法施行令第４条の２第２項
- ・租税特別措置法施行令第40条の２第23項又は第25項
- ・租税特別措置法施行令第40条の２の２第８項又は第11項
- ・租税特別措置法施行令等の一部を改正する政令（平成21年政令第108号）による改正前の租税特別措置法施行令第40条の２の２第19項又は第22項

に規定する

やむを得ない事由がある旨の承認申請をいたします。

1　被相続人の住所・氏名

住　所＿＿＿＿＿＿＿＿＿＿＿＿＿＿　氏　名＿＿＿＿＿＿＿＿＿＿＿＿

2　被相続人の相続開始の日　　平成／令和＿＿年＿＿月＿＿日

3　相続税の申告書を提出した日　　平成／令和＿＿年＿＿月＿＿日

4　遺産が未分割であることについてのやむを得ない理由

（注）やむを得ない事由に応じてこの申請書に添付すべき書類
- ①　相続又は遺贈に関し訴えの提起がなされていることを証する書類
- ②　相続又は遺贈に関し和解、調停又は審判の申立てがされていることを証する書類
- ③　相続又は遺贈に関し遺産分割の禁止、相続の承認若しくは放棄の期間が伸長されていることを証する書類
- ④　①から③までの書類以外の書類で財産の分割がされなかった場合におけるその事情の明細を記載した書類

○　相続人等申請者の住所・氏名等

住　所　（　居　所　）	氏　　名	続　柄

○　相続人等の代表者の指定　　代表者の氏名＿＿＿＿＿＿＿＿＿＿

関与税理士		電話番号	

※	通信日付印の年月日	（確認）	名簿番号
	年　月　日		

（資４－22－１－Ａ４統一）　（令3.3）

Section 4

相続人の同意要件

1　相続人全員の同意

相続等により小規模宅地等の特例の対象となり得る宅地等を取得した者（以下「相続人等」といいます。）が2人以上いる場合、特例の適用を受けようとする宅地等の選択についてその全員の同意が必要です（措法69の4⑥、措令40の2⑤）。

2　同意が必要である理由

全員の同意が必要であることの最大の理由は次の通りです。

相続税は相続人等が複数いる場合が多くあります。小規模宅地等の特例を適用することにより課税価格に大きな影響があり、相続人等各人が自己の取得した宅地等に特例を適用すると限度面積を超え、課税価格が相続人の数だけ異なることが想定されます。相続税の総額の計算は、課税価格を一定にすることから始まります。課税価格の異なる申告書が提出された場合、課税庁は相続人等に対し適用宅地等及び面積の選択を調査により調整するため、一本化することが大変困難になります。膨大な時間と手数を要する事務が発生します。本来特例の適用は納税者の選択によります。もとより、相続人等が複数いる場合は、特例の利益を享受する相続人等間で調整して申告すべきものです。

遺言による取得であっても、他に特例対象宅地等が存在すれば、それは共有状態であることから遺産分割の対象となります。他の相続人が取得することも想定され、遺言により取得した財産が唯一の特例対象宅地等ではないため、相続人等全員の合意が必要です。

3　同意の有無による手続きの判断

特例対象宅地等の適用の可否は「遺産分割又は遺言による取得者の確定」「特例対象宅地等を取得した者全員の同意」「相続税の申告期限」等、判断すべき事項があります。概ね次の区分です。

遺産分割の時期	手続
①　申告期限内に分割された場合	分割により取得した財産のうち、特例を適用する宅地等を選択し、相続人等全員が合意した結果に基づいて計算し申告する。
②　申告期限内に一部分割があった場合	イ　分割が確定した部分について相続人等の全員の合意がある場合 合意した宅地等について適用できる。 ロ　分割が確定した部分について相続人等の全員の合意がない場合 分割が確定した部分について適用できないことと、確定していない部分は共有状態であることから、特例の適用はできない。
③　申告期限内に分割できなかった場合	分割が確定した後に相続人等全員の合意に基づいて計算し、申告又は更正の請求をする。

4　同意の判断事例

同意の可否は、納税額に直接影響するので、判断を的確にしなければなりません。一般的な遺産分割ではさほど問題とはなりませんが、一部分割があった場合、遺言があった場合、未分割の場合等の申告は注意します。遺産争いがないようにと、あえて遺言することも多くあります。しかし、相続人の意に反した遺言は却って争いを招き、合意協議から離反し、結局小規模宅地等の特例が適用できなくなることも稀ではありません。

次に裁判・裁決から注意しなければならない事例を紹介します。

【裁決　2014年（平成26年）8月8日】

（申告期限までに取得した特例対象宅地等だけではなく、未分割である特例対象宅地等がある場合、相続人全員の合意が必要であるとした事例）。

特例対象宅地等が複数あり、特例対象宅地等のうち相続税の申告期限までに分割された特例対象宅地等と分割されていない特例対象宅地等がある場合、分割された特例対象宅地等を選択特例対象宅地等とするためには、分割されていない特例対象宅地等についても、一定の要件の下、分割が確定することにより特例の適用が可能となる。

同意（特例対象宅地等を取得した全ての個人からの本件特例の適用を受ける宅地等の選択についての同意）を得る必要のある特例対象宅地等を取得した全ての者には、相続税の申告期限までに分割された特例対象宅地等を取得した者のみならず、分割されていない特例対象宅地等が、その後分割され、本件特例を適用する可能性のある者、すなわち、未分割である特例対象宅地等を共有で取得している者（共同相続人又は包括受遺者）も含まれる。

（TAINSJ96-4-08）

【東京高裁　2017年（平成29年）1月26日判決】

（遺言によって取得した土地について、小規模宅地等の特例を適用して申告をしたが、特例対象宅地等を取得した相続人ら全員の選択同意書の添付がなかったために、特例の適用が認められなかった事例）

原告は、遺言によって取得した土地について、小規模宅地等の特例を適用して相続税の申告をしたが、この土地とは別に未分割の特例対象宅地等が存在し、特例対象宅地等を取得した相続人ら全員の選択同意書の添付がないことから、小規模宅地の特例の適用は認められないとして更正処分がなされました。

争点は、相続人ら全員の選択同意書を添付しないで、小規模宅地の特例を受けることができるかです。

（判決要旨）

① 課税価格の算定の基礎となる「相続又は遺贈により取得した財産」には、未分割財産が含まれるものというべきであるから、措置法69条の4第1項の「相続又は遺贈により取得した財産」についても、未分割財産が含まれるものというべきである。

② 措置法69条の4第1項は、選択特例対象宅地等を、同一の被相続人に係る全ての相続人等に係る全ての特例対象宅地等の中から選択したものと定め、全

ての相続人等間で統一された選択をすることを要求しているものである。

③　相続税の課税価格の確定のためには、同一の被相続人に係る全ての相続人等の課税価格が全ての相続人等との関係において同額で確定されていなければならない

④　同一の被相続人等に係る相続人等が特例対象宅地等のうちそれぞれ異なるものを選択して相続税の課税価格を確定することができない結果となることがないよう、全ての相続人等の間において、選択する特例対象宅地等が同一のものとなることを前提としている

⑤　本件遺言のように相続させる旨の遺言がされた場合に必ず紛争が生じるともいえないし、他方で、共同相続人間で特例対象宅地等の選択に関する同意がまとまらないという事態は様々な理由により一般的に生じ得るものであることからすれば、本件のような場合に選択同意書の取得を要求することで特例の適用が妨げられる可能性があるからといって、選択同意書の提出を要求する措置法施行令40条の2第3項3号が租税法律主義（憲法84条）に違反するとはいえない。

（TAINS Z267-12970）

4　実務判断

1　遺言があるにもかかわらず、小規模宅地等の特例が適用できない事例は稀ではないようです。課税庁が相続争いに巻き込まれないようにするための方策かもしれません。遺言時のアドバイスが重要です。

2　遺産分割が要件となっているため、特例が適用できない場合の納税の負担が大きくなります。特例対象地だけでも期限内に分割をすることが望ましいです。未分割で申告することのリスクは大変大きくなります。

Section 5

申告期限延長の取扱いと特例の適用

1　特例対象宅地等の保有要件

小規模宅地等の特例の要件の一つは「その宅地等を相続開始から申告期限まで所有していること」です。この場合の申告期限とは、国税通則法又は租税特別措置法の規定により延長されている場合は、その延長された時が期限です。特定居住用宅地等を配偶者が取得した場合は、保有期限がないので、特例の適用が無条件でできます。

2　相続税の申告期限

相続税の申告期限は「その相続の開始があったことを知った日の翌日から10か月以内（相法27①）」です。「相続の開始があったことを知った日」とは「自己のために相続の開始があったことを知った日（相基通27-4）」のことであるため、納税義務者ごとに申告期限が異なることになりますが、一般的にはほとんど問題となることはないでしょう。相続税法基本通達27-4では、失踪宣告を受け死亡したものとみなされた場合等、相続の開始があったことを知った日についての規定があります。

また、相続税法には申告期限の延長規定はありません。ただし、国税通則法又は租税特別措置法には、特殊な事情又は災害による多大な被害を被った相続人については、申告期限の延長規定が設けられています。これらの規定により延長されている場合は、その延長された時が申告期限です。

3　国税通則法第11条（災害等による期限の延長）（指定地域）

国税通則法第11条では「国税庁長官、国税不服審判所長、国税局長、税務署長又は税関長は、災害その他やむを得ない理由により、国税に関する法律に基づく申告、申請、請求、届出その他書類の提出、納付又は徴収に関する期限までにこれらの行為をすることができないと認めるときは、政令で定めるところにより、その理由のやんだ日から2月以内に限り、当該期限を延長することができる。」として、災害の被害があった場合、政令で2か月以内に申告等の期限を延長することができるとしています。更に、国税通則法施行令第3条では、国税庁長官は期限の延長ができるとしています（通則法11、通則法令3　令和元年国税庁告示第13、14号）。コロナ禍による延長はこの措置です。

4　特定非常災害により申告期限が延長された場合

⑴　特定非常災害とは

租税特別措置法第69条の6及び第69条の7に特定土地等及び特定株式等に係る相続税又は贈与税の課税価格の計算の特例が規定されています。特定非常災害の指定を受けた災害により被災した土地等又は株式等を相続、遺贈又は贈与により取得した場合、その財産の価額を一定の割合で減額する措置が講じられています。

特定非常災害に指定された災害は「阪神・淡路大震災」以降「平成16年新潟県中越地震」「東日本大震災」「平成28年熊本地震」「平成30年7月豪雨」「令和元年東日本台風（台風第19号）」「令和2年7月豪雨」があります。近年は短期間で大きな災害が起きています。

⑵　申告期限の延長

租税特別措置法第69条の8は「相続税及び贈与税の申告書の提出期限の特例」となっています。

「同一の被相続人から相続又は遺贈により財産を取得した全ての者のうちに第69条の6第1項の規定の適用を受けることができる者がいる場合において、当該相続若しくは遺贈により財産を取得した者又はその者の相続人（包括受遺者を含む。）が相続税法第27条第1項又は第2項の規定により提出すべき申告書の提出期限が特定日（第69条の6第1項の特定非常災害に係る国税通則法第11条の規定により延長された申告に関する期限と特定非常災害発生日の翌日から10か月を経過する日とのいずれか遅い日をいう。）の前日以前であるときは、当該申告書の提出期限は、特定日とする。」

申告書の提出期限は特定日であることから、小規模宅地等の特例の適用を受ける要件である保有期限もその特定日となります。

⑶　特例適用者が特定非常災害による被災財産を取得していない場合

申告期限の特例は「同一の被相続人から相続又は遺贈により財産を取得した全ての者のうちに第69条の6第1項の規定の適用を受けることができる者がいる場合」に「当該申告書の提出期限は、特定日とする」と規定されていることから、相続人の都合による申告期限の延長ではないことに留意します。相続財産中に小規模宅地等の特例の適用を受けることができる宅地等がある場合、相続人全員の申告期限が延長されます。そのため、その相続人が延長された申告期限前に、取得した特例対象宅地等を譲渡等した場合、特例が受けられません。この場合の申告期限は「特定日とする」と規定されており、選択の余地がありません。近年は、特定非常災害に指定される災害が多発しています。特定地域に財産がある場合、小規模宅地等の特例の適用に十分注意します。

⑷　適用対象となる特例

申告期限の延長は、特定事業用宅地等、特定居住用宅地等他、特定同族会社事業用宅地等、貸付事業用宅地等に適用されることから、保有期限も同様に取り扱われます。

Section 6

配偶者の税額軽減と小規模宅地等の特例の更正の請求の相異

1　相続税の申告期限から３年以内に分割した場合の更正の請求

相続財産が未分割であるとして法定相続分で申告した場合でも、分割見込書を提出しており、3年以内に遺産分割が確定した場合、特例の適用が認められ、更正の請求書を提出して多く納めた相続税額の還付を求めることができます(措法69の4⑤)。これは、相続税額の確定が不安定なまま何年も放置できないことによります。

更正の請求の期限は、遺産分割が確定した日から4か月以内です（措法69の4⑤、相法32①)。

2　配偶者の相続税額の軽減

配偶者の税額軽減は、当初申告書、期限後申告書及びこれらの申告書に係る修正申告書、又は、更正の請求書に一定の要件を充足した書類を添付することにより適用できます（相法19の2③)。更正の請求書とは、国税通則法第23条第3項の更正の請求に係る書類を指します。配偶者の税額軽減の適用は、当初申告要件となっていません。平成23年度税制改正において、当然に認められてよい特例として改正されたものです。

(1)　遺産が未分割である場合

申告書の提出期限（以下「申告期限」といいます。）まで相続財産が未分割の場合、配偶者の税額軽減の適用は受けられません（相法19の2②）。財産の具体的な帰属者が明確でない状態のときに特例の適用を認めた場合、課税関係が不安定になり、帰属者が確定したときに煩雑な手続きが生じるからです。

(2)　未分割であっても、申告期限後に適用を受けるための手続き

分割されていない財産が申告期限後3年以内に分割された場合、配偶者の税額軽減の適用を受けることができます（相法19の2②）。

申告期限後に配偶者の税額軽減の適用を受けるためには、相続税の申告書の提出と同時に「申告期限後3年以内の分割見込書」を提出します。

3　配偶者の税額軽減の更正の請求の期限

(1)　相続税法と国税通則法の更正の請求の期限

国税通則法の規定では、当初申告書に記載された課税価格又は相続税額が過大であった場合は、申告期限から5年以内に限り更正の請求ができることとなっています（通則法23①）。

相続税法では、申告期限から3年以内に遺産分割が行われ、配偶者の税額軽減を適用した結果当初申告額より納付税額が過少となった場合、更正の請求書を提出することにより、過大納付となった相続税の還付を求めることができます（相法32①）。

(2)　相続税法と国税通則法どちらを適用するか

配偶者の税額軽減の適用に係る更正の請求は、相続税法と国税通則法の規定のどちらも適用できることとなっています（相基通32-2）。つまり、申告期限後に遺産分割が行われた場合、更正の請求の期限は分割の日から4か月を経過

する日と申告期限から5年を経過する日とのいずれか遅い日となります。

［事例で確認］

CASE 相続税の申告期限後に遺産分割が確定したが、配偶者の税額軽減を適用するための更正の請求書を4か月以内に提出しなかった場合

Q 相続開始がX0年2月10日、遺産が未分割だったので同年12月10日に、「申告期限後3年以内の分割見込書」を添付して相続税の申告をしました。その後、X3年7月1日に遺産分割が確定しました。配偶者の税額軽減が適用できるにもかかわらず、更正の請求は遺産分割の日から4か月以内に提出しなければならないところ失念していました。同年12月1日に提出しましたが、更正の請求は認められるでしょうか。

A 申告期限後に遺産分割が行われた場合、更正の請求の期限は分割の日から4か月を経過する日と申告期限から5年を経過する日とのいずれか遅い日となります。遺産分割が確定した日から4か月を経過しても、国税通則法による期限が到来していないので、その期限内に更正の請求を提出することができます。

事実経過	年月日	相続税法	相基通32-2	国税通則法
相続開始	X0年2月10日			
申告期限（「分割見込書」提出）	X0年12月10日			◎
遺産分割確定	X3年7月1日	◎	◎	↓
相続税法による更正の請求期限	X3年11月1日	↓ ◎	↓	↓
更正の請求書提出（遺産分割の確定から5か月経過）	X3年12月1日		↓	↓
通則法による更正の請求期限	X5年12月10日		◎	◎

3　小規模宅地等の特例の適用

⑴　小規模宅地等の特例の適用要件

小規模宅地等の特例は、当初申告書、期限後申告書及びこれらの申告書に係る修正申告書により適用することができます（措法 69 の 4 ⑦）。更正の請求による適用は認められていません。

⑵　遺産が未分割である場合

小規模宅地等の特例の適用を受けることができる宅地等は「特定事業用宅地等」「特定同族会社事業用宅地等」「特定居住用宅地等」「貸付事業用宅地等」と区分が多く、複数区分の宅地等を所有していることも多くあります。これらの区分に該当する宅地は、それぞれ特例面積限度があります。また宅地等の帰属者を確定する必要があり、共同相続人間でどの宅地等を特例対象宅地等として適用するか及び適用する面積をいくらにするか合意が必要となります。そのため、申告期限まで特例対象宅地等が未分割の場合、小規模宅地等の特例の適用は受けられません（措法 69 の 4 ④）。

⑶　未分割であっても、申告期限後に適用を受けるための手続き

申告期限までに分割されていない特例対象宅地等が、申告期限後 3 年以内に分割された場合、小規模宅地等の特例の適用を受けることができます（措法 69 の 4 ④）。

申告期限後に小規模宅地等の特例の適用を受けるためには、相続税の申告書の提出と同時に「申告期限後 3 年以内の分割見込書」を提出します。

⑷　小規模宅地等の特例の更正の請求

申告期限後において小規模宅地等の特例の適用を受けるための、国税通則法による更正の請求は認められていません（措法 69 の 4 ⑦）。しかし、相続税法において、申告期限後 3 年以内に遺産分割により特例対象宅地等の帰属者が確

定し、小規模宅地等の特例を適用した結果、当初申告額より税額が過少となった場合、遺産分割の日の翌日から4か月以内に限り更正の請求をすることができます（相法32①、措法69の4⑤）。特例対象宅地等の全部又は一部が分割された場合、その分割があった日の翌日から4か月以内に更正の請求をしなければならないことに留意します（措通69の4-26）。他に未分割財産があることから、全部の財産の分割を待っていると4か月が経過してしまいます。

この場合、国税通則法の規定の5年以内であっても、遺産分割の日から4か月を経過した場合に更正の請求ができません。遺産分割の確定から4か月以内の更正の請求期限を過ぎた場合、国税通則法による更正の請求期限内であれば配偶者の税額軽減の適用は受けられますが、小規模宅地等の特例の適用のための更正の請求は受けられません。

［事例で確認］

CASE 相続税の申告期限後に遺産分割が確定したが、小規模宅地等の特例を適用するための更正の請求書を4か月以内に提出しなかった場合

Q 相続開始がX0年2月10日、遺産が未分割だったので同年12月10日に、「申告期限後3年以内の分割見込書」を添付して相続税の申告をしました。相続開始後3年以内に遺産分割が確定しなかったことから「資産が未分割であることについて止むを得ない事由がある旨の承認申請書」を税務署長に提出しました。その後、X4年2月1日に遺産分割が確定しました。小規模宅地等の特例が適用できるにもかかわらず、更正の請求は遺産分割の日から4か月以内に提出しなければならないところ失念していました。同年7月1日に提出しましたが、更正の請求は認められるでしょうか。

A 遺産分割が確定した日から4か月を経過した場合、配偶者の税額軽減は更正の請求期間内であることから更正の請求は認められますが、小規模宅地等の特例の適用による更正の請求はできません。

事実経過	年月日	小規模宅地等の特例	配偶者の税額軽減
相続開始日	X0 年 2 月 10 日		
申告期限 (「分割見込書」提出	X0 年 12 月 10 日		
申告期限から 3 年 (「承認申請書」提出)	X3 年 12 月 20 日		
遺産分割が確定した日	X4 年 2 月 1 日	◎ ⇩ ×	◎ ⇩ ◎
更正の請求書の提出日 (遺産分割の確定から 4 か月を経過)	X4 年 7 月 1 日		

4　相続税の実務

(1)　特例適用の相異

配偶者の税額軽減及び小規模宅地等の特例の適用は、どちらも申告期限内に遺産分割ができない場合には適用できず、申告期限後 3 年以内に遺産分割が確定した場合、更正の請求ができる造りとなっています。更正の請求期限の扱いについて、同じように適用されると勘違いしてしまいます。

(2)　申告期限後 3 年を経過しても遺産が未分割である場合

申告期限から 3 年以内に分割されなかったことについてやむを得ない事情があり、その事情を税務署長が認めた場合、その後に遺産分割が確定した場合の更正の請求期限は配偶者の税額軽減及び小規模宅地等の特例の適用ともに遺産分割の日から 4 か月以内です。本章 Section 3 を参照してください。

Section 7

遺留分侵害額請求と特例の適用

1　遺留分侵害額請求とは

(1)　遺留分減殺請求

遺留分権利者は、遺留分を侵害した者に対して、侵害された額を取り戻すために遺留分減殺請求ができました。遺留分減殺請求すると、遺贈又は贈与は遺留分を侵害する限度で失効します。その失効した部分は遺留分権利者に帰属し、物権的効果が生じることから財産が共有状態となり、遺産分割がもめる原因ともなっていました。

(2)　遺留分侵害額請求

上記の遺留分減殺請求の不都合を解消すべく、2018年（平成30年）に改正された相続法では、受遺者又は受贈者に対し「遺留分侵害額に相当する金銭の支払いを請求することができる（民法1046）」として、明確に金銭債権としました。これにより遺留分権利者に対して現物返還を前提とした弁償の概念が無くなりました。旧規定である遺留分減殺請求は、物権的効果が生じましたが、遺留分侵害額請求は金銭債権となったことで、受遺者等に対しては金銭の請求のみとなります。

2　相続財産で弁済した場合の特例の適用

⑴　小規模宅地等の特例の適用

遺留分侵害額請求は金銭償還となったことから、土地等での弁償ができませんが、弁償金の手当てができない場合やむを得ず土地等を渡すことが想定されます。

この場合の課税関係は次の通りです。

受遺者等	・特例適用対象地の遺贈を受けた者は、適用要件を充足する限り小規模宅地等の特例が適用できます。 ・受遺者が遺留分侵害額請求に応じて相続税の申告期限内に特例適用対象地を金銭に代えて代物弁済した場合、申告期限までの保有要件を満たさないことになります。
遺留分権利者	・遺留分侵害額請求により特例適用対象地を取得したとしても「相続又は遺贈により取得した財産（措法69の4①)」に該当しないため、小規模宅地等の特例の適用はできません。

一般的に、遺留分侵害額請求があった場合、申告期限が過ぎていることが多いため、受遺者は遺留分侵害額の請求に基づき支払うべき金銭の額が確定したことにより、これが生じたことを知った日の翌日から4月以内に、弁償金相当額（土地等の時価）により更正の請求を、遺留分権利者は弁償金として受領した金額（土地等の時価）について修正申告又は期限後申告をすることになります。この場合において受け取った土地等について小規模宅地等の特例を適用することはできません。

⑵　小規模宅地等の特例以外の取扱いの留意点

土地等で弁償金を手当てした場合、小規模宅地等の特例の適用だけではなく、譲渡所得にも大きく影響することに注意します。

遺留分侵害額請求により、土地等キャピタルゲイン課税の対象となる資産の移転があった場合、資産を渡した者と受け取ったものとの所得税について、次の点に留意します（所基通38-7の2)。

資産を渡した者	・相続財産又は自己の固有財産にかかわらず、その資産を時価で譲渡したとして所得税の課税対象となります。 ・相続財産を譲渡した場合、要件を充足すれば措置法第 39 条（相続財産を譲渡した場合の取得費の特例）が適用できる場合があります。 ・相続財産を譲渡した場合、被相続人の取得日及び取得価額を引き継ぎます。
遺留分権利者	・取得した資産の取得の日は、その資産を取得した時であり、取得価額は、その時の債権の消滅の金額となります。 ・その資産を譲渡した場合、相続等により取得した資産ではないことから、措置法第 39 条の適用はできません。 ・取得の時から、譲渡した年の 1 月 1 日において 5 年を超えないときに譲渡した場合、短期譲渡所得となることに留意します。

［事例で確認］

CASE 包括遺贈で全財産を取得した場合

Q｜父の相続による相続人は子 A、B 及び C です。父は遺言で A に全ての財産を遺贈しました。B 及び C は遺留分侵害額請求をしています。相続財産の中に、事業用資産及び居住用資産があり、A はどれも要件を満たしていますので、小規模宅地特例を適用して申告することができるでしょうか。

A｜2018 年の民法改正以前の遺留分の取扱いは、遺留分減殺請求をすることにより物権的効果が生じ全ての財産が受遺者及び遺留分権利者との共有となりました。そのため、相続財産中には小規模宅地等の特例の適用対象となり得る宅地等が含まれていた場合、①小規模宅地等の特例を適用することなく法定相続分に従った共同相続として申告を行い、同時に「申告期限後 3 年以内の分割見込書」を提出することにより、後日の更正請求を可能にしておく、②遺留分減殺請求を考慮することなく遺言により全財産を相続したものとして申告し、小規模宅地等の特例を適用した上で、遺留分減殺が解決した後に更正請求をする、の選択に悩むことがありました（参考　東京地裁判決　2018 年（平成 30 年）2 月 19 日 TAINS Z999-0172）。民法改正により、現在の遺留分侵害額請求は金銭債権となったことから、相続財産を全額遺贈された A は、遺留分権利者に相続財産が移転することはないので、小規模宅地等の特例が適用できます。

また、相続税法の取扱いでは「相続税の申告書を提出する時又は課税価格及び相続税額を更正し、若しくは決定する時において、まだ法第32条第1項第2号、同項第3号、法施行令第8条第2項第1号又は第2号に掲げる事由が未確定の場合には、当該事由がないものとした場合における各相続人の相続分を基礎として課税価格を計算することに取り扱うものとする（相基通11の2-4)。」となっており、申告の時に特例の適用ができます。その後、遺留分侵害額請求に基づく支払額が確定した時に更正の請求ができます（相法32①3)。

3 遺贈により取得した宅地等に係る遺留分侵害額に相当する金額

⑴ 遺留分侵害額の請求があった場合における相続税の計算

遺留分侵害額の請求があった場合、その金額が確定したときの相続税の計算は、次に掲げる者の区分に応じた課税価格の合計額によります。基本的に代償分割による考え方に基づいており、「相続税及び贈与税等に関する質疑応答事例（民法（相続法）改正関係）について」（令和2年7月7日資産課税課情報第17号）で公表されています。

相続人等	課税価格
① 金銭の支払を受ける相続人（遺留分権利者）	相続又は遺贈により取得した現物の財産の価額＋遺留分侵害額に相当する価額
② 金銭を支払う受遺者（遺留分義務者）	相続又は遺贈により取得した現物の財産の価額－遺留分侵害額に相当する価額

⑵ 遺留分侵害額に相当する価額

⑴の「遺留分侵害額に相当する価額」は、相続開始の時における時価ですが（相法22)、その金額については、代償分割が行われた場合（相通11の2-10)

に準じて計算することとして差し支えないこととなっています。この場合、遺留分侵害額の支払の請求の基因となった遺贈に係る財産が特定され、かつ、その財産の相続開始の時における通常の取引価額を基として遺留分侵害額が決定されているときの「遺留分侵害額に相当する価額」は、次の算式により計算した金額となります。なお、共同相続人及び包括受遺者（遺留分義務者を含む。）の全員の協議に基づいて、下記の方法に準じた方法又は他の合理的と認められる方法によりその遺留分侵害額に相当する価額を計算して申告する場合は、その申告した額として差し支えありません。

$$\text{遺留分侵害額} \times \frac{\text{遺留分侵害額の支払の請求の基因となった遺贈に係る財産の相続開始の時における価額（相続税評価額）}}{\text{遺留分侵害額の支払の請求の基因となった遺贈に係る財産の遺留分侵害額の決定の基となった相続開始の時における価額（時価）}}$$

第 9 章

参考資料

【参考：税特別措置法第69条の4（小規模宅地等についての相続税の課税価格の計算の特例）】

1　個人が相続又は遺贈により取得した財産のうちに、当該相続の開始の直前において、当該相続若しくは遺贈に係る被相続人又は当該被相続人と生計を一にしていた当該被相続人の親族（第3項において「被相続人等」という。）の事業（事業に準ずるものとして政令で定めるものを含む。同項において同じ。）の用又は居住の用（居住の用に供することができない事由として政令で定める事由により相続の開始の直前において当該被相続人の居住の用に供されていなかつた場合（政令で定める用途に供されている場合を除く。）における当該事由により居住の用に供されなくなる直前の当該被相続人の居住の用を含む。同項第二号において同じ。）に供されていた宅地等（土地又は土地の上に存する権利をいう。同項及び次条第5項において同じ。）で財務省令で定める建物又は構築物の敷地の用に供されているもののうち政令で定めるもの（特定事業用宅地等、特定居住用宅地等、特定同族会社事業用宅地等及び貸付事業用宅地等に限る。以下この条において「特例対象宅地等」という。）がある場合には、当該相続又は遺贈により財産を取得した者に係る全ての特例対象宅地等のうち、当該個人が取得をした特例対象宅地等又はその一部でこの項の規定の適用を受けるものとして政令で定めるところにより選択をしたもの（以下この項及び次項において「選択特例対象宅地等」という。）については、限度面積要件を満たす場合の当該選択特例対象宅地等（以下この項において「小規模宅地等」という。）に限り、相続税法第11条の2に規定する相続税の課税価格に算入すべき価額は、当該小規模宅地等の価額に次の各号に掲げる小規模宅地等の区分に応じ当該各号に定める割合を乗じて計算した金額とする。

一　特定事業用宅地等である小規模宅地等、特定居住用宅地等である小規模宅地等及び特定同族会社事業用宅地等である小規模宅地等　100分の20

二　貸付事業用宅地等である小規模宅地等　100分の50

2　前項に規定する限度面積要件は、当該相続又は遺贈により特例対象宅地等を取得した者に係る次の各号に掲げる選択特例対象宅地等の区分に応じ、当該各号に定める要件とする。

一　特定事業用宅地等又は特定同族会社事業用宅地等（第三号イにおいて「特定事業用等宅地等」という。）である選択特例対象宅地等　当該選択特例対象宅地等の面積の合計が400平方メートル以下であること。

二　特定居住用宅地等である選択特例対象宅地等　当該選択特例対象宅地等の面積の合計が330平方メートル以下であること。

三　貸付事業用宅地等である選択特例対象宅地等　次のイ、ロ及びハの規定により計算した面積の合計が200平方メートル以下であること。

イ　特定事業用等宅地等である選択特例対象宅地等がある場合の当該選択特例対象宅地等の面積を合計した面積に400分の200を乗じて得た面積

ロ　特定居住用宅地等である選択特例対象宅地等がある場合の当該選択特例対象宅地等の面積を合計した面積に330分の200を乗じて得た面積

ハ　貸付事業用宅地等である選択特例対象宅地等の面積を合計した面積

3　この条において、次の各号に掲げる用語の意義は、当該各号に定めるところによる。

一　特定事業用宅地等　被相続人等の事業（不動産貸付業その他政令で定めるものを除く。以下この号及び第三号において同じ。）の用に供されていた宅地等で、次に掲げる要件のいずれかを満たす当該被相続人の親族（当該親族から相続又は遺贈により当該宅地等を取得した当該親族の相続人を含む。イ及び第四号（ロを除く。）において同じ。）が相続又は遺贈により取得したもの（相続開始前3年以内に新たに事業の用に供された宅地等（政令で定める規模以上の事業を行っていた被相続人等の当該事業の用に供されたものを除く。）を除き、政令で定める部分に限る。）をいう。

イ　当該親族が、相続開始時から相続税法第27条、第29条又は第31条第2項の規定による申告書の提出期限（以下この項において「申告期限」という。）までの間に当該宅地等の上で営まれていた被相続人の事業を引き継ぎ、申告期限まで引き続き当該宅地等を有し、かつ、当該事業を営んでいること。

ロ　当該被相続人の親族が当該被相続人と生計を一にしていた者であって、相続開始時から申告期限（当該親族が申告期限前に死亡した場合には、その死亡の日。第四号イを除き、以下この項において同じ。）まで引き続き当該宅地等を有し、かつ、相続開始前から申告期限まで引き続き当該宅地等を自己の事業の用に供していること。

二　特定居住用宅地等　被相続人等の居住の用に供されていた宅地等（当該宅地等が2以上ある場合には、政令で定める宅地等に限る。）で、当該被相続人の配偶者又は次に掲げる要件のいずれかを満たす当該被相続人の親族（当該被相続人の配偶者を除く。以下この号において同じ。）が相続又は遺贈により取得したもの（政令で定める部分に限る。）をいう。

イ　当該親族が相続開始の直前において当該宅地等の上に存する当該被相続人の居住の用に供されていた1棟の建物（当該被相続人、当該被相続人の配偶者又は当該親族の居住の用に供されていた部分として政令で定める部分に限る。）に居住していた者であって、相続開始時から申告期限まで引き続き当該宅地等を有し、かつ、当該建物に居住していること。

ロ　当該親族（当該被相続人の居住の用に供されていた宅地等を取得した者であって財務省令で定めるものに限る。）が次に掲げる要件の全てを満たすこと（当該被相続人の配偶者又は相続開始の直前において当該被相続人の居住の用に供されていた家屋に居住していた親族で政令で定める者がいない場合に限る。）。

⑴　相続開始前３年以内に相続税法の施行地内にある当該親族、当該親族の配偶者、当該親族の３親等内の親族又は当該親族と特別の関係がある法人として政令で定める法人が所有する家屋（相続開始の直前において当該被相続人の居住の用に供されていた家屋を除く。）に居住したことがないこと。

⑵　当該被相続人の相続開始時に当該親族が居住している家屋を相続開始前のいずれの時においても所有していたことがないこと。

⑶　相続開始時から申告期限まで引き続き当該宅地等を有していること。

ハ　当該親族が当該被相続人と生計を一にしていた者であって、相続開始時から申告期限まで引き続き当該宅地等を有し、かつ、相続開始前から申告期限まで引き続き当該宅地等を自己の居住の用に供していること。

三　特定同族会社事業用宅地等　相続開始の直前に被相続人及び当該被相続人の親族その他当該被相続人と政令で定める特別の関係がある者が有する株式の総数又は出資の総額が当該株式又は出資に係る法人の発行済株式の総数又は出資の総額の10分の5を超える法人の事業の用に供されていた宅地等で、当該宅地等を相続又は遺贈により取得した当該被相続人の親族（財務省令で定める者に限る。）が相続開始時から申告期限まで引き続き有し、かつ、申告期限まで引き続き当該法人の事業の用に供されているもの（政令で定める部分に限る。）をいう。

四　貸付事業用宅地等　被相続人等の事業（不動産貸付業その他政令で定めるものに限る。以下この号において「貸付事業」という。）の用に供されていた宅地等で、次に掲げる要件のいずれかを満たす当該被相続人の親族が相続又は遺贈により取得したもの（特定同族会社事業用宅地等及び相続開始前３年以内に新たに貸付事業の用に供された宅地等（相続開始の日まで３年を超えて引き続き政令で定める貸付事業を行っていた被相続人等の当該貸付事業の用に供されたものを除く。）を除き、政令で定める部分に限る。）をいう。

イ　当該親族が、相続開始時から申告期限までの間に当該宅地等に係る被相続人の貸付事業を引き継ぎ、申告期限まで引き続き当該宅地等を有し、かつ、当該貸付事業の用に供していること。

ロ　当該被相続人の親族が当該被相続人と生計を一にしていた者であって、相続開始時から申告期限まで引き続き当該宅地等を有し、かつ、相続開始前から申告期限まで引き続き当該宅地等を自己の貸付事業の用に供していること。

4　第１項の規定は、同項の相続又は遺贈に係る相続税法第 27 条の規定による申告書の提出期限（以下この項において「申告期限」という。）までに共同相続人又は包括受遺者によって分割されていない特例対象宅地等については、適用しない。ただし、その分割されていない特例対象宅地等が申告期限から３年以内（当該期間が経過するまでの間に当該特例対象宅地等が分割されなかつたことにつき、当該相続又は遺贈に関し訴えの提起がされたことその他の政令で定めるやむを得ない事情がある場合において、政令で定めるところにより納税地の所轄税務署長の承認を受けたときは、当該特例対象宅地等の分割ができることとなった日として政令で定める日の翌日から４月以内）に分割された場合（当該相続又は遺贈により財産を取得した者が次条第１項の規定の適用を受けている場合を除く。）には、その分割された当該特例対象宅地等については、この限りでない。

5　相続税法第 32 条第１項の規定は、前項ただし書の場合その他既に分割された当該特例対象宅地等について第１項の規定の適用を受けていなかつた場合として政令で定める場合について準用する。この場合において、必要な技術的読替えは、政令で定める。

6　第１項の規定は、第 70 条の６の８第１項の規定の適用を受けた同条第２項第二号に規定する特例事業受贈者に係る同条第１項に規定する贈与者から相続又は遺贈により取得（第 70 条の６の９第１項（同条第２項の規定により読み替えて適用する場合を含む。）の規定により相続又は遺贈により取得をしたものとみなされる場合における当該取得を含む。）をした特定事業用宅地等及び第 70 条の６の 10 第１項の規定の適用を受ける同条第２項第二号に規定する特例事業相続人等に係る同条第１項に規定する被相続人から相続又は遺贈により取得をした特定事業用宅地等については、適用しない。

7　第１項の規定は、同項の規定の適用を受けようとする者の当該相続又は遺贈に係る相続税法第 27 条又は第 29 条の規定による申告書（これらの申告書に係る期限後申告書及びこれらの申告書に係る修正申告書を含む。次項において「相続税の申告書」という。）に第１項の規定の適用を受けようとする旨を記載し、同項の規定による計算に関する明細書その他の財務省令で定める書類の添付がある場合に限り、適用する。
8　税務署長は、相続税の申告書の提出がなかつた場合又は前項の記載若しくは添付がない相続税の申告書の提出があつた場合においても、その提出又は記載若しくは添付がなかつたことについてやむを得ない事情があると認めるときは、当該記載をした書類及び同項の財務省令で定める書類の提出があつた場合に限り、第１項の規定を適用することができる。
9　第１項に規定する小規模宅地等について、同項の規定の適用を受ける場合における相続税法第48条の２第６項において準用する同法第41条第２項の規定の適用については、同項中「財産を除く」とあるのは、「財産及び租税特別措置法（昭和32年法律第26号）第69条の４第１項（小規模宅地等についての相続税の課税価格の計算の特例）の規定の適用を受けた同項に規定する小規模宅地等を除く」とする。
10　第４項から前項までに定めるもののほか、第１項の規定の適用に関し必要な事項は、政令で定める。

索　引

著者紹介

武田秀和（たけだ　ひでかず）

税理士（武田秀和税理士事務所所長（東京税理士会日本橋支部））

中央大学法学部卒

事業内容

東京国税局資料調査課，東京派遣監察官室，浅草，四谷税務署他東京国税局管内各税務署資産課税部門等に勤務

相続税・贈与税・譲渡所得を中心とした申告・相談業務・財産整理業務を中心に事業を展開している。また，北海道から沖縄までの各地の税理士に対する資産税関係の講演を行っている。

主な著書

「借地権　相続・贈与と譲渡の税務（第 3 版：共著）」（税務経理協会）

「譲渡所得の基礎　徹底解説」（同上）

「相続税調査はどう行われるか」（同上）

「不動産の売却にかかる譲渡所得の税金（第 2 版）」（同上）

「土地評価実務ガイド（改訂版）」（同上）

「遺産分割と遺贈の相続税実務ポイント解説」（税務研究会）

「一般動産・知的財産権、その他の財産の相続税評価ポイント解説」（同上）

「「相続税・贈与税の重要テーマ」ポイント解説」（同上）

主な DVD

「間違いが多い土地建物の譲渡所得と調査実態」（（一般社団法人）法律税金経営を学ぶ会）

「相続税・贈与税の税務調査は特殊」（同上）

「家屋・金・海外財産・美術品と知的財産権の相続税評価」（同上）

「災害発生前後の相続・贈与と土砂災害特別警戒区域内の土地の評価」（同上）

「事例から読み解く相続税調査の傾向と対策」（㈱ KACHIEL）

「譲渡所得の申告及び調査のポイントはここだ！」（同上）

日本税理士会連合会・東京税理士会他研修団体による Web 研修

小規模宅地等の特例
基本と事例でわかる税務

2023年12月1日　初版発行

著　者　武田秀和

発行者　大坪克行

発行所　株式会社 税務経理協会
〒161-0033東京都新宿区下落合1丁目1番3号
http://www.zeikei.co.jp
03-6304-0505

印　刷　美研プリンティング株式会社

製　本　牧製本印刷株式会社

デザイン　株式会社グラフィックウェイヴ

編　集　吉冨智子

本書についての
ご意見・ご感想はコチラ

http://www.zeikei.co.jp/contact/

ISBN 978-4-419-06941-4　C3032